Peter Doyé und Catherine Jereczek

Enfance bilingue

Praxismaterialien
für die bilinguale Vorschulerziehung

Band 5

Georg Olms Verlag
Hildesheim · Zürich · New York
2012

Peter Doyé und Catherine Jereczek

Enfance bilingue

Französisch im
bilingualen Kindergarten

Georg Olms Verlag
Hildesheim · Zürich · New York
2012

DANK

Bei der Erarbeitung der in diesem Buch zusammengestellten Materialien hat uns eine Reihe von sachverständigen Kolleginnen und Kollegen wertvolle Hilfe geleistet. Ihnen allen danken wir herzlich.

Besonders hervorheben möchten wir dabei

Marie-Thérèse Byram (Cossé-en-Champagne)
Gilbert Dalgalian (Paris)
Eva und Pierre Lecœur (Braunschweig)
Claude Meissner (Gießen)
Birgit Schumacher (Berlin)
Ana Vivet (Paris)
Olivier Violleau (Thônes).

Peter Doyé und Catherine Jereczek

Bibliografische Information der
Deutschen Nationalbibliothek
Die Deutsche Nationalbibliothek verzeichnet diese
Publikation in der Deutschen Nationalbibliografie;
detaillierte bibliografische Daten sind im Internet über
http://dnb.d-nb.de abrufbar.

Wir danken allen Verlagen und Rechteinhabern für die freundliche Erteilung der Abdruckgenehmigungen.

Kollektion OLMS junior
© Georg Olms Verlag AG, Hildesheim 2012
www.olms-junior.de
Printed in Germany
Gedruckt auf säurefreiem und alterungsbeständigem Papier
Umschlaggestaltung: Anna Braungart, Tübingen
Herstellung: Satzstudio Winkens, Wegberg
ISSN 2191-7175
ISBN 978-3-487-08871-6

Die Materialien

1. Gedichte – Poèmes

1.1 Les coquillages 17
1.2 Le phare 17
1.3 Mes mains 18
1.4 J'aimerais voler 18
1.5 Celui-ci a secoué l'arbre 18
1.6 Les petits poissons 19
1.7 La méduse 19
1.8 Arlequin 19
1.9 Animaux domestiques 20
1.10 Animaux sauvages 20

2. Reime – Rimes

2.1 Carnaval 22
2.2 Boules 22
2.3 Choux 22
2.4 Dimanche 23
2.5 Deux bœufs 23
2.6 Il est midi! 23
2.7 Jeudi 23
2.8 Le kangourou court 24
2.9 La météo 24
2.10 Non non non! 24
2.11 L'orang-outang 24
2.12 Petit poisson 25
2.13 Renard 25
2.14 Sss 25
2.15 Trois tortues têtues 25
2.16 La brume 26
2.17 Vive la vanille 26
2.18 Zzz 26
2.19 La ronde des voyelles 26
2.20 La comptine des nasales 27
2.21 Chiffres et nombres 27

3. Lieder und Tänze – Chansons et Danses

3.1 Ainsi font les petites
    marionnettes 28
3.2 Alouette 29
3.3 Au clair de la lune 30
3.4 La barbichette 31
3.5 Fais dodo, Colas 31
3.6 Frère Jacques 32
3.7 Il était un petit navire 33
3.8 Il pleut, bergère 34
3.9 Jean Petit qui danse 34
3.10 Dans la forêt lointaine 35
3.11 Lundi matin 35
3.12 Mon âne 36
3.13 Pirouette cacahouète 37
3.14 Promenons-nous dans les
     bois 37
3.15 Savez-vous planter les
     choux? 38
3.16 Sur le pont d'Avignon 38
3.17 Un kilomètre à pied 39
3.18 Une souris verte 39
3.19 Y a une pie 40

Die Materialien

4. Geschichten – Histoires et contes

4.1 Ajdar 42
4.2 Tristan et les dragons 42
4.3 La gymnastique 43
4.4 À la bibliothèque 44
4.5 Johnny, le setter 45
4.6 Salomé veut une histoire 46
4.7 Lulu à la plage 46
4.8 Salut à toi, Auguste 47
4.9 La belle au bois dormant 48
4.10 Petit ours brun 51
4.11 Grand loup et petit loup 51
4.12 Tam-tam couleurs 52

5. Realien – Poids et mesures

5.1 Pappe/Papier und Malstifte 53
5.2 Pappe/Papier und Schere 54
5.3 Messlatte 55
5.4 Steine 56
5.5 Würfel 56
5.6 Themenbeutel 57
5.7 Mengenkisten 58
5.8 Puppen/Handpuppen 59
5.9 Kostüme 59
5.10 Die Uhr 60

6. Bilder und Karten – Images et cartes

6.1 Bildkarten 62
6.2 Fotos 62
6.3 Briefmarken 63
6.4 Postkarten 64
6.5 Zuordnung 65
6.6 Bildserien 66
6.7 Figurotti 67
6.8 Kalender 67
6.9 Spielkarten 68
6.10 Schilder 69

7. Spiele – Jeux

7.1 Stille Post 70
7.2 Mein rechter, rechter Platz ist leer 70
7.3 Orchesterdirigent 71
7.4 Jakob hat gesagt 71
7.5 Alle Vögel fliegen hoch 72
7.6 Kim-Spiele 72
7.7 Was ist anders? 73
7.8 Maman, veux-tu? 73
7.9 La petite hirondelle 74
7.10 Ordnung muss sein 75
7.11 Les chevaux du cirque 76
7.12 Telefonieren 76

8. Sprachübungen – Défis linguistiques

8.1 Exercice phonétique 78
8.2 Zahlen und Zählen 79
8.3 Mengen erfassen 79
8.4 Gegenstände identifizieren 80

8.5 Eine Landschaft »konstruieren« . 81	8.10 Wortschatz Gefühle 84
8.6 Formen und Farben 82	8.11 Les actions de la vie quotidienne 85
8.7 Umformungen 83	
8.8 Echoübungen 83	8.12 Les objets de la vie quotidienne 85
8.9 Zungenbrecher 84	

9. Rätsel – Devinettes

9.1 Ich sehe was, was du nicht siehst 86	9.6 Vrai ou faux? 88
9.2 Berufe raten 87	9.7 Répondre aux questions 89
9.3 Zusammenfügen 87	9.8 Vergleichen 90
9.4 Was passt nicht? 88	9.9 Übereinstimmungen entdecken 91
9.5 Qui suis-je? 88	9.10 Gegenstände ertasten 91

10. Rezepte – Recettes

10.1 La structure des recettes 93	10.8 Le gâteau aux yaourts 101
10.2 La galette des Rois 94	10.9 La salade tricolore 102
10.3 Les crêpes 96	10.10 La ratatouille 103
10.4 La brioche 97	10.11 Le fromage de chèvre chaud 104
10.5 Le potage de carottes à l'orange 98	10.12 La mousse au chocolat 104
10.6 L'omelette au fromage 100	10.13 La bûche de Noël 105
10.7 La nougatine 101	10.14 Gutes Essen 105

11. Redensarten – Dictons

11.1 L'union 108	11.8 Donner un coup de main . . . 108
11.2 Avoir les yeux plus gros 108	11.9 Dormir 108
11.3 Beaucoup de bruit 108	11.10 Une mouche 108
11.4 Comme un poisson 108	11.11 Lentement 108
11.5 Comme un éléphant 108	11.12 Occupe-toi 108
11.6 Dire une ânerie. 108	11.13 Raconter 108
11.7 Donner sa langue 108	

Literaturverzeichnis 109   Register 111

Einleitung

Die Didaktik der bilingualen Vorschulerziehung hat seit der Jahrtausendwende beachtliche Fortschritte gemacht. Ihre theoretischen Grundlagen haben sich konsolidiert, und die praktischen Erfahrungen in vielen bilingualen Kindergärten sind ermutigend. Netzwerke kooperierender Erzieherinnen und Erzieher und der sie begleitenden Wissenschaftler haben sich gebildet, und regelmäßig stattfindende Tagungen sorgen für gegenseitigen Gedankenaustausch.

Zurzeit gibt es in Deutschland rund 500 bilinguale Kindertagesstätten, – Tendenz steigend. Die meisten von ihnen arbeiten mit der Kombination Deutsch-Englisch; aber es gibt auch deutsch-französische, deutsch-italienische, deutsch-polnische, deutsch-russische, deutsch-spanische und deutsch-tschechische Einrichtungen. Gewiss finden sich unter ihnen manche, die sich lediglich mit dem modischen Etikett »bilingual« schmücken, ohne wirklich die mit dieser Bezeichnung verbundenen Merkmale aufzuweisen; doch sie sind in der Minderheit.

Als charakteristische Merkmale bilingualer Kindertagesstätten gelten die folgenden drei:

1. Die beiden jeweils kombinierten Sprachen und Kulturen sind gleichgestellt; sie werden mit gleichem Zeitanteil und gleicher Intensität gepflegt.
2. Es gilt das Prinzip *Eine Person – Eine Sprache*; die Erzieherinnen kommunizieren mit den Kindern ausschließlich in der von ihnen vertretenen Sprache.
3. Die Erzieherinnen sind *Native Speakers* oder aber Personen mit langjähriger Erfahrung in der von ihnen repräsentierten Kultur.

Als wertvolle Ergänzung zu diesen Merkmalen betrachten Didaktiker den Umstand, dass auch die in der Gruppe vertretenen Kinder zu etwa gleichen Teilen den beiden kombinierten Kulturen entstammen. Diese optimale Konstellation gibt es aber in Deutschland nur in Großstädten wie Berlin und Orten wie Wolfsburg, wo die Zusammensetzung der Bevölkerung dies gestattet.

Über die Vorteile einer schon im Kindergarten einsetzenden bilingualen Erziehung herrscht seit Beginn dieses Jahrhunderts weitgehend Konsens. Zu zwingend sind die Argumente der einschlägigen didaktischen Theorie und zu überzeugend sind die Ergebnisse gut organisierter Praxis, als dass die von Skeptikern immer wieder vorgetragenen Zweifel noch ernst genommen werden müssten. (Vgl. Doyé 2009)

Allerdings ist in den vergangenen Jahren auch klar geworden, dass die Einrichtung bilingualer Kindergärten nur dann sinnvoll ist, wenn eine Reihe entscheidender Bedingungen erfüllt wird. Die wichtigsten unter ihnen sind die folgenden:

A. Die Erzieherinnen sind pädagogisch und sprachlich hinreichend qualifiziert.
B. Sie arbeiten nach einem klaren didaktischen Konzept.
C. Sie arbeiten mit kindgemäßem, lerntheoretisch und sprachpsychologisch fundiertem Material.

Einen Beitrag zur Erfüllung der dritten Bedingung zu leisten, ist die Hauptintention des hier vorgelegten Buches. Wir möchten damit eine Lücke in der Literatur zur bilingualen Vorschulerziehung schließen. Zwar gibt es eine beträchtliche Anzahl von Schriften zu Materialien, die in der monolingualen Vorschulerziehung verwendet werden (können), von denen viele auch in zweisprachig arbeitenden Institutionen einsetzbar sind, aber eben nicht solche, die speziell auf bilingual orientierte Einrichtungen zugeschnitten sind. Auf diese Ausrichtung legen wir großen Wert, wie aus den weiteren Ausführungen hervorgehen wird.

Eine naheliegende Gliederung der Materialien zur bilingualen Vorschulerziehung ergibt sich aus den den Kindertagesstätten zugewiesenen Bildungsbereichen sowie aus den Gattungen, in denen die Materialien zu finden sind. Für letztere gebrauchen wir den Terminus »Genre«, den wir allerdings über den in der Literaturwissenschaft gemeinten Sinn hinaus auch auf nicht-literarische Gattungen anwenden.

Anmerkung: Wir werden in diesem Buch durchgehend den Ausdruck »Erzieherin«/»éducatrice« verwenden und bitten die bisher noch nicht sehr zahlreichen Pädagogen männlichen Geschlechts, sich ebenfalls angesprochen zu fühlen. Unser Sprachgebrauch hat rein praktische Gründe.

Übersicht über die Materialien für die bilinguale Vorschulerziehung

A. Genres – Materialformen

1. Gedichte   Poèmes
2. Reime   Rimes
3. Lieder   Chansons
4. Geschichten   Histoires et contes
5. Realien   Poids et mesures
6. Bilder und Karten Images et cartes
7. Spiele   Jeux
8. Sprachübungen   Défis linguistiques
9. Rätsel   Devinettes
10. Rezepte   Recettes
11. Sprichwörter   Dictons

Themen

Die Inhalte können folgenden Sachgebieten entstammen:

Identität	Persönliche Beziehungen	Kommunikation
Identité	Relations personnelles	Communication
Ernährung	Kleidung	Zählen und Messen
Alimentation	Vêtements	Compter et mesurer

Formen und Farben	Zeiteinheiten	Naturkunde	Tiere
Formes et Couleurs	Notions de temps	Sciences	Animaux

Die hier aufgeführten Sachgebiete entsprechen weitgehend denen, die in den einschlägigen Richtlinien Deutschlands gefordert werden, z. B. im Berliner Bildungsprogramm für die Bildung, Erziehung und Betreuung von Kindern in Tageseinrichtungen bis zu ihrem Schuleintritt (Berlin: Senatsverwaltung 2007).

Pädagogische Prinzipien

Die Materialsammlung, die wir in diesem Buch vorstellen, ist nicht an eine bestimmte Form des Lernens und Lehrens gebunden. Der damit verknüpfte Vorteil besteht darin, dass sie in vielen Kontexten und in vielen pädagogischen Situationen verwendbar ist.

Dennoch repräsentieren die Auswahl und die Formen unserer Materialien eine Reihe von pädagogischen Prinzipien, die einer zeitgemäßen, auf wissenschaftlichen Erkenntnissen beruhenden Vorschulerziehung entsprechen, und diese möchten wir im Folgenden kurz referieren. Aus diesen Prinzipien ergeben sich dann allerdings didaktische und methodische Leitlinien, die wir im Anschluss referieren.

1. Ganzheitliches Lehren und Lernen

Das Sprachenlernen der Kinder ist eingebettet in einen ganzheitlichen Prozess, der ihrer Gesamtentwicklung Rechnung trägt und diese zu fördern sucht. Das heißt zunächst, dass es nicht ausschließlich nach kognitiven Gesichtspunkten organisiert wird, sondern die praktischen, emotionalen und sozialen Komponenten berücksichtigt. Also: Lernen mit Kopf, Herz und Hand (Pestalozzi). Neben den gezielten Bemühungen um die Aufnahme sprachlicher Ausdrücke spielen Singen, Tanzen, Raten, Sammeln, Erfinden, Malen und Basteln eine starke Rolle. Viele Phasen der Beschäftigung laufen vornehmlich spielerisch ab und alle Aktivitäten sind so angelegt, dass sie den Kindern die sinnlichen Erfahrungen ermöglichen, die für das kindgemäße Sprachenlernen nötig sind.

Wichtig ist für diesen Zweck auch, dass die Erzieherinnen alle im normalen Tagesablauf sich ergebenden Situationen für die bilinguale Sprachförderung nutzen. Die immer wiederkehrenden, täglichen Rituale werden in beiden Sprachen vollzogen, und die Aufforderungen, Hilfen und Stützmaßnahmen werden für alle Kinder in der gerade dominierenden Sprache erteilt.

In der in diesem Buch präsentierten Kategorisierung haben wir die einzelnen Beispiele jeweils einem bestimmten Genre zugeordnet. In vielen Fällen passen sie aber – gemäß dem ganzheitlichen Ansatz – in mehrere Genres gleich gut.

2. Immersion

Ein wichtiges Prinzip ist das der Immersion. Darunter versteht man, dass die sachlichen Inhalte (ganz oder teilweise) in der fremden Sprache vermittelt werden. Damit sind diese nicht, wie im konventionellen Fremdsprachenunterricht, Objekt des Lernens sondern Medium für die Vermittlung anderer, außersprachlicher Gegenstände. Das Wort stammt aus dem Englischen und wurde von H.H. Stern geprägt. Er bezeichnete damit »the exposure of children to the second language in real-life situations which exclude the use of L1. The pupil is plunged into a ›language bath‹ in the same way as he found himself immersed in the linguistic environment of his mother tongue.« (Stern 1963, 66)

Nun gibt es in Deutschland Kindertagesstätten, in denen Kinder aus den beiden kombinierten Sprachen – in unserem Fall Deutsch und Französisch – gemeinsam erzogen werden, also *native speakers* aus beiden Kulturen vertreten sind, aber auch solche, in die (fast) ausschließlich deutsche Kinder gehen. Letztere lernen Französisch per Immersion. In den »gemischten« Einrichtungen ist die Lage komplizierter: Dort, wo die Kommunikation in der Sprache stattfindet, die nicht die Muttersprache der Kinder ist, kann von Immersion gesprochen werden. Je nach sprachlicher Herkunft lernen die Kinder immersiv oder in ihrer Muttersprache. Diese Konstellation hat einen großen Vorteil: Es gibt Phasen, in denen sie – weil die Kommunikation in ihrer Muttersprache geschieht – leichter folgen können, und solche, in denen sie sich – da in der Fremdsprache geredet wird – mehr bemühen müssen. Man nennt dies »two-way immersion« (Curtain & Pesola 1974, 77) (s. auch: Lehren und Lernen im Tandem)

Trotz der genannten Vorteile hat es sich als zweckmäßig gezeigt, nicht ausschließlich auf Immersion zu setzen. Die gelegentliche direkte Belehrung über Erscheinungen der fremden Sprache und sogar Übungen zu deren Beherrschung (wie im konventionellen Fremdsprachenunterricht) können das immersive Lernen durchaus unterstützen. Wie überall sonst ist das orthodoxe Beharren auf einem methodischen Prinzip auch hier eher von Nachteil.

3. Gleichstellung der beiden Sprachen

Beide in der Kindertagesstätte vertretenen Sprachen werden in gleichem Maße gepflegt. Dies wird vor allem dadurch gesichert, dass in jeder Gruppe je eine Erzieherin aus beiden Kulturen tätig ist (s.o.). Sie spricht mit den Kindern (fast) ausschließlich in ihrer Herkunftssprache und vertritt auch inhaltlich das Land, aus dem sie kommt. Dadurch begegnen die Kinder den beiden Kulturen gleich häufig und gleich intensiv. Sie können darüber hinaus schon in diesem frühen Stadium ihrer Entwicklung zu Vergleichen angeregt werden, was später zu einer wichtigen Grundlage interkultureller Erziehung werden kann.

Es kommt aber sehr darauf an, dass die beiden Sprachen auch wirklich als gleichberechtigte Idiome in Erscheinung treten. Elke Schlösser hat diesen Aspekt betont und für die dahinter stehende Haltung den Ausdruck »Sprachrespekt« eingeführt. (Schlösser 2001, 42). Kinder haben ein gutes Gespür dafür, ob eine Sprache von ihren Bezugspersonen hoch oder gering geschätzt wird. Sie entwickeln je nach wahrgenommener Wertigkeit eine positive oder negative Beziehung zu den betreffenden Sprachen. Wenn z. B. die eine der beiden Sprachen immer zum Ausdruck angenehmer Tatbestände verwendet wird, die andere dagegen für negative Äußerungen (Tadeln oder Schimpfen), kann sich das generalisierend auf die Haltung des Kindes gegenüber den Sprachen auswirken. Dies aber wäre im Hinblick auf die interkulturelle Erziehung fatal. (Schlösser 2001, 42)

4. Lernen und Lehren im Tandem

Dieses sehr fruchtbare Prinzip wird nicht in allen Kindertagesstätten praktiziert, bringt aber dort, wo es angewandt wird, überzeugende Ergebnisse. Es eignet sich vor allem für solche pädagogischen Situationen, in denen gleich viele Kinder aus den beiden Partnerkulturen zusammenkommen und voneinander lernen können. Dies ist an den meisten Einrichtungen in Berlin der Fall und wird an einigen von ihnen in vorbildhafter Weise genutzt.

Das Prinzip bietet drei Vorteile:

1. Die Kinder beider Gruppen profitieren von der höheren sprachlichen Kompetenz der jeweils anderen Gruppe, wenn sie **deren** Muttersprache als Zweitsprache lernen.
2. Sie werden sich ihrer eigenen muttersprachlichen Kompetenz bewusst, wenn sie Kinder der anderen Gruppe bei deren Bemühen um eine zweite Sprache unterstützen, die **ihre** Muttersprache ist.
3. Sie erkennen, dass die jeweilige Ungleichheit in den sprachlichen Voraussetzungen durch gegenseitige Hilfe ausgeglichen werden kann.

5. Sprachvergleiche

Der Vergleich ist ein probates Mittel zur Identifizierung der wesentlichen Merkmale konkreter Objekte und ein von vielen Wissenschaften verwendetes Verfahren zur Erfassung ihrer Gegenstände. In der Sprachwissenschaft spielt der Vergleich von Strukturen verschiedener Sprachen seit langem eine wichtige Rolle, und die moderne Kontrastive Linguistik setzt das Verfahren mit großem Erfolg bei der Feststellung von Gemeinsamkeiten und Unterschieden zwischen den Sprachen ein. Zwar hat sich die ursprüngliche Idee, die ermittelten Unterschiede als Grundlage für die didaktische Planung zu benutzen – im Sinne von »difficulty results from difference« (Lado 1957, 59) – als nicht haltbar erwiesen; jedoch hat die Bewusstmachung dieser Unterschiede, wo immer sie praktiziert wurde, deutliche praktische Erfolge gebracht.

Die Frage, die sich hier stellt, ist diese: Auf welcher Stufe ist eine solche Bewusstmachung möglich? Jahrzehntelang hielt sich das Vorurteil, bewusstmachende Verfahren seien erst auf der Sekundarstufe sinnvoll. Inzwischen haben didaktische Untersuchungen ergeben, dass solche Verfahren sehr wohl im Fremdsprachenunterricht der Grundschule einsetzbar sind (Doyé 1999). Neuerdings verwenden nun aber auch Kindergärtnerinnen, z. B. in Berlin und Wolfsburg, Sprachvergleiche als methodische Mittel zur Unterstützung der direkten, praktischen Unterweisung. Sie setzen sie sehr behutsam und selbstverständlich altersangemessen ein, um die Kinder nicht zu überfordern. Die Hilfen erfolgen im Wesentlichen in Form von Hinweisen, Fragen und Feststellungen; zum Beispiel:

»Dies sagt man also in Spanien, wenn man sich verabschiedet.«
»Und was sagen englische Kinder, wenn sie sich für ein Geschenk bedanken?«
»Auf Deutsch gibt man die Uhrzeit so an, auf Französisch so.«

Aber auch illustrierende Vergleiche werden eingesetzt, z. B. bei der Rechtschreibung (Dem deutschen »k« entspricht im Französischen oft ein »c«.). Solche Vergleiche kommen zwar in der konkreten Sprachvermittlung nicht häufig vor, dienen aber den Erzieherinnen als didaktische Hintergrundinformation. Zu diesem Zwecke haben Arbeitsgruppen graphische Übersichten erstellt und allen beteiligten Erzieherinnen als Arbeitsgrundlage zur Verfügung gestellt.

6. Interkulturelle Erziehung

Durch das Vergleichen der beiden Partnersprachen und deren absolute Gleichstellung besitzt die bilinguale Vorschulerziehung gute Möglichkeiten zu interkultureller Erziehung. Es war ein lange gepflegter Irrtum vieler Pädagogen, anzunehmen, dass interkulturelle Erziehung erst auf späteren Stufen gepflegt werden könne. Neuere Erfahrungen in progressiven Kindertagesstätten haben gezeigt, dass die Grundlagen zu solcher Erziehung sehr wohl schon auf dieser frühen Stufe gelegt werden können.

Der tägliche Umgang mit Objekten und im günstigen Falle auch mit Angehörigen anderer Kulturen ist geeignet, Kenntnisse und Einsichten zu erwerben bzw. zu vermitteln, welche bei behutsamer Lenkung zu der erstrebten Offenheit und Toleranz gegenüber dem Fremden führen kann.

Durch die ständige Begegnung und Auseinandersetzung mit Gegenständen und Menschen anderer kultureller Herkunft können bei den Kindern positive Haltungen entstehen die zwar keine Immunität garantieren, wohl aber gute Gelegenheit zur Vermeidung von Fremdenfeindlichkeit bieten.

Unter dem Aspekt der interkulturellen Erziehung haben wir bei der Auswahl unserer Beispiele sehr darauf geachtet, dass sie authentische Produkte der anderen Kultur sind und nur im Ausnahmefall speziell für das Sprachenlernen deutscher Kinder aufbereitete Materialien aufgenommen.

Principes didactiques

Cet ouvrage s'adresse à tous les pédagogues, à tous les parents, à toutes les familles d'enfants bilingues (ou plurilingues), quelles que soient les autres langues acquises simultanément et parallèlement à l'allemand.

Ce matériel prêt à l'emploi est destiné à soutenir l'acquisition de la langue française par «nos» petits de 4 à 6 ans.

Nos propositions sont le fruit d'une vingtaine d'années d'expérience en jardins d'enfants avec des enfants bilingues, principalement allemands mais aussi d'autres cultures et langues associées (arabe, turc, espagnol, langues asiatiques et africaines).

Toutefois, le matériel français reste inchangé pour l'acquisition des connaissances linguistiques.

Il va de soi que les pédagogues travaillant en milieu pluriculturel doivent connaître et maîtriser la langue «partenaire» que l'enfant apprend, ici le français. Ceci pour deux raisons: d'une part pour pouvoir montrer les similitudes entre langues (construction de phrases comme en allemand ou en turc …), et d'autre part pour montrer à l'enfant que l'adulte, son modèle, s'intéresse fortement à la langue partenaire, ce qui soutiendra les efforts de l'enfant dans ses acquisitions.

En effet, l'acquisition d'une langue implique un lien affectif très profond avec le pédagogue, le parent, la famille, qui en soutiennent l'apprentissage. Les autres langues que l'enfant apporte avec lui restent de toutes façons indissociables de sa vie affective.

Une définition traditionnelle du bilinguisme est la suivante:
– «Personne qui parle deux langues couramment».

On sait que le facteur affectif joue un rôle essentiel dans l'apprentissage du langage. Mais le verbe «parler», pris dans son sens strict, ne tient pas compte de la dimension affective. Si l'enfant comprend et réagit à la langue partenaire, il a d'ores et déjà fourni un travail énorme et il n'est pas absolument nécessaire de «parler» la langue: il la «pratique» en comprenant tout ce qui se passe autour de lui.

Il existe différentes formes de bilinguisme selon l'âge et la situation de l'apprenant.

C'est pourquoi nous avons rassemblé ici quelques outils de travail tous relatifs au langage: les jeux éducatifs, comptines, chansons et récits sont là pour éveiller la curiosité de l'enfant et stimuler l'acquisition de la langue par le plaisir et par la réussite.

1 Gedichte | Poèmes

Das in der bilingualen Vorschulerziehung am häufigsten vorkommende Genre ist das der Gedichte. Ihr zahlreiches Auftreten erklärt sich aus einer Reihe offensichtlicher Vorzüge.

1. Sie sind – in der Regel – von geringem Umfang.
2. Sie haben meist eine übersichtliche Struktur.
3. Sie sind durch ihre Form, vor allem durch Rhythmus und Reim, einprägsam.
4. Viele von ihnen sind Ausdruck französischer Kultur und eignen sich deshalb gut für die interkulturelle Erziehung.

1.1 Les coquillages

Sur la plage,
J'ai ramassé des coquillages!
Au jardin d'enfant,
J'ai appris qu'avant
Un animal
Vivait dedans.

Illustration: Olivier Violleau

1.2 Le phare

Dans la nuit
Un faisceau luit!
C'est la lumière pour les marins
Qui éclaire la mer
Et montre le chemin.

1.3 Mes mains

Mes deux mains
Sont pour saisir,
Pour tenir
Ou pour donner.

Mes deux mains
Sont pour toucher
Le doux, le dur,
Le froid, le chaud.

Mes deux mains
Font de beaux dessins,
Savent s'arrêter
Et recommencer.
Mes deux mains
Font des surprises
Et quelquefois des bêtises.

1.4 J'aimerais voler

J'aimerais voler,
Très haut, très haut,
Comme un oiseau,
Et tous les jours
En passant,
Dire bonjour
A mes parents.

1.5 Celui-ci a secoué l'arbre *(Jeu de mains)*

Celui-ci a secoué l'arbre.
Celui-ci a ramassé les pommes,
Celui-ci les a mises dans un sac.
Celui-ci a porté le sac.
Celui-ci les a mises dans la paille.

1.6 Les petits poissons

Les petits poissons dans l'eau
Nagent, nagent, nagent, nagent,
Les petits poissons dans l'eau
Nagent aussi bien que les gros.
Les gros, les petits,
Nagent bien aussi,
Les petits, les gros,
Nagent comme il faut.

1.7 La méduse

Légère
Entière,
Transparente et flottante
La méduse
Pique les pieds nus
Qui sautent dessus.

1.8 Arlequin

Arlequin dans sa boutique,
Sur les marches du palais.
Il enseigne la musique
À tous ses petits valets.
À monsieur Po,
À monsieur Li,
À monsieur Chi,
À monsieur Nelle.
Ah! À monsieur PO-LI-CHI-NELLE.

Arlequin dans sa boutique,
Sur les marches du palais.
Il enseigne la musique,
Car ce soir on va danser.

1.9 Animaux domestiques

Le cheval

Cheval, animal en cavale,
Détale de l'étable
Le jour du Carnaval.

Les trois petits cochons

Où sont les trois petits cochons?
Ils sont cachés dans leur maison,
Ils ont fermé la porte à clé,
Ils ont tiré tous les verrous,
Ils ont peur du grand méchant loup.

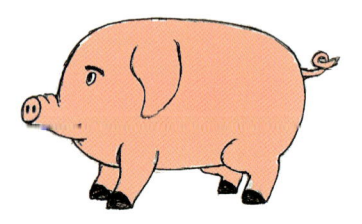

Illustration: Jasper Doyé

La poule

Une poule sur un mur
Qui picore du pain dur
Picoti, picota
Lève la queue et puis s'en va.

1.10 Animaux sauvages

L'éléphant

Je te défends
De contrarier
Un éléphant.
Il ne faut pas s'y fier:
Un éléphant
Ça trompe énormément.

Illustration: Jasper Doyé

La girafe

La girafe donne une baffe
A son girafon.
C'est une gaffe!
Cette baffe lui met la queue en tire-bouchon !

L'hippopotame

L'hippopotame
Joue du tam-tam
Et croque du jambon de Parme
Au kilogramme
Devant les flammes.

Illustration: Olivier Violleau

Le lion

Le lion marque ses pions.
Pour jouer aux échecs
Avec dame tortue.
Mais pour jouer
Bien concentrés
Il leur faut rester au sec
Bien entendu!

Le papillon

Petit papillon
Tombe de son cocon,
Se frotte le menton.
Puis, étire ses ailes
Croque des airelles
Et s'envole jusqu'au ciel!

2 Reime | Rimes

Le système phonologique des enfants se met en place entre trois et six ans. Une mauvaise prononciation est un handicap sérieux pour la communication; de plus il arrive que des enfants de six ou de sept ans soient gênés dans l'apprentissage de la lecture par une prononciation dèfectueuse de certains phonèmes. (Bray-Clausard 1976, III)

Was Bray-Clausard hier für das Erlernen der französischen Sprache durch Kinder in Frankreich sagt, gilt für den Spracherwerb allgemein, also ebenso für den Erwerb des Französischen als Partnersprache im bilingualen Kindergarten. Aus diesem Grund haben wir im Folgenden eine Liste von Reimen zusammengestellt, die sich als ein gutes Hilfsmittel zum Erlernen der französischen Aussprache in deutsch-französischen Kindertagesstätten bewährt haben.

2.1 A

C'est carnaval,
Allons au bal.

2.2 B

Boule rouge,
Boule blanche,
C'est comme ça
Tous les dimanches.

2.3 Ch

Achetez mes choux,
Mes beaux choux verts!

2.4 D

Dimanche
Je danse sur mon duvet
Dessus, dessous
Pour dorloter
Didou mon Doudou!

a a
a b
b a
b b
b b

2.5 EU

Deux bœufs
Près du feu
Se réchauffent un peu.

2.6 I

Il est midi!
Qui l'a dit?
La petite souris.
Où est-elle?
Dans la chapelle.
Que fait-elle?
De la dentelle.
Pour qui?
Pour les Dames de Paris.

2.7 J

Jeudi
Je dis:
Vive vendredi!

2.8 K

Le kangourou court
A la kermesse,
Képi sur la tête,
Faisant des kilomètres,
Entre les voitures qui klaxonnent,
Pour retrouver son ami le koala.

2.9 M

Si la météo annonce de la neige
Nous prenons le métro
Et partons au manège!

2.10 N

Non non non!
Le Niger ne coule pas en Egypte!
Mais le Nil,
Oui!

2.11 O

L'orang-outang
Ôte un os et une orange
De l'automobile
D'Oscar.
Oh là là!

2.12 P

Petit poisson
Pousse- toi!
Le paon va passer.
S'il te prend pour un pantin
Patapouf,
Cela fera du barouf!

a | a
a | b
b | a
b | b

2.13 R

Le renard raconte
Des drôles d'histoires au rouge-gorge
Pour le faire rire.

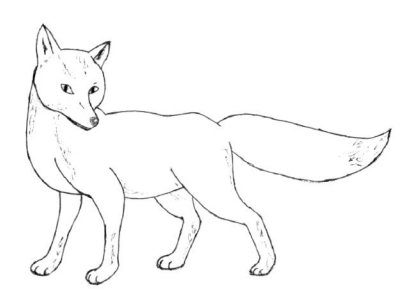

Illustration: Jasper Doyé

2.14 S

Sss… sss… sss…
Siffle le serpent,
Le serpent qui danse,
Danse et se balance
Au son des cymbales.

2.15 T

Trois tortues têtues
Trottinent dans la forêt tropicale
Pour trouver un trou d'eau.

2.16 U

La brume fume
Et comme une plume,
S'élève vers la nue.

2.17 V

Vive la vanille
Des Antilles!

2.18 Z

Zzz… zzz… zzz…
L'abeille choisit
La plus belle rose
Pour se reposer.

2.19 La ronde des voyelles

A A A!
Pourquoi pas?
É É É !
Boire du thé ou du café
I I I !
Sur le tapis gris
O O O!
Peu importe la météo,
Avec ou sans son chapeau
U U U!
Chez le zébu barbu!

2.20 La comptine des nasales

Le petit lapin
A très faim.

Mais il attend
tranquillement

Le petit garçon
Qui lui donne des croûtons.

Cf. Chanson: Sur le pont d'Avignon.

2.21 Chiffres et nombres

1, 2, 3
Nous irons aux bois
4, 5, 6
Cueillir des cerises
7, 8, 9
Dans un panier neuf
10, 11, 12
Elles seront toutes rouges!

1, 2, 3
Mangeons nos petits pois
4, 5, 6
Et nos petites saucisses
7, 8, 9
A la viande de bœuf
10, 11, 12
Plus personne ne bouge!

Cf. Chanson: Un kilomètre à pied.

3 Lieder und Tänze | Chansons et Danses

»Musik ist ein idealer Weg, gleichzeitig auf die kulturellen Genmeinsamkeiten und Unterschiede aufmerksam zu machen«. Mit diesen Worten leiten Steffe und Höfele ihr grundlegendes und hilfreiches Buch »Europa in 80 Tönen« ein. (2002, 5) Sie machen deutlich, welchen wichtigen Beitrag das Singen von Liedern aus anderen Kulturen zum Verständnis von Menschen anderer kultureller Herkunft leisten kann und liefern dazu eine Fülle von Beispielen.

In dem von uns vorgelegten Buch wollen wir jene Beispiele durch eine Sammlung von Liedern ergänzen, die speziell für die bilinguale Vorschulerziehung mit Französisch als zweiter Sprache neben Deutsch geeignet sind. Es handelt sich durch die Bank um Lieder, welche in Frankreich allgemein bekannt sind und dort auch in den jardins d'enfants häufig gesungen werden. Darüber hinaus zeichnen sie sich durch ansprechende Inhalte und motivierende Formen aus. Melodie, Rhythmus und Aufbau sind ausgesprochen attraktiv und kommen kindlichen Neigungen sehr entgegen.

Dans ce chapitre, nous présentons une sélection de chansons traditionnelles qui sont utilisées régulièrement dans les institutions bilingues.

La plupart de ces chansons peuvent être mimées ou dansées, mais aussi servir de prétexte d'une petite pièce de théâtre à jouer devant la famille. Elles peuvent aussi être le support indispensable pour continuer de marcher lorsque les petites jambes sont fatiguées et qu'il faut pourtant encore avancer; ainsi elles peuvent soutenir l'apprentissage du schéma corporel.

3.1 Ainsi font les petites marionettes

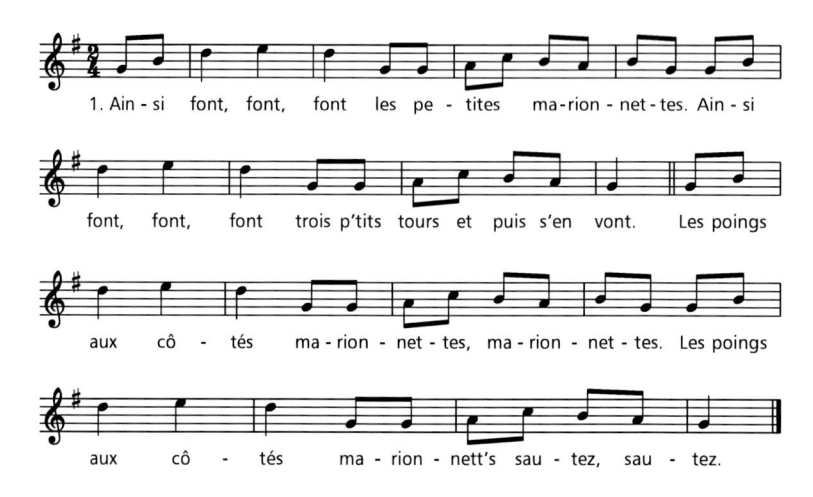

1. Ain - si font, font, font les pe - tites ma - rion - net - tes. Ain - si font, font, font trois p'tits tours et puis s'en vont. Les poings aux cô - tés ma - rion - net - tes, ma - rion - net - tes. Les poings aux cô - tés ma - rion - nett's sau - tez, sau - tez.

Refrain

La taille cambrée.
Marionnettes, marionnette.
La taille cambrée.
Marionnett's
Dansez, dansez.

Refrain

Puis le front penché,
Marionnettes, marionnettes.
Puis le front penché.
Marionnett's,
Saluez, saluez.

3.2 Alouette

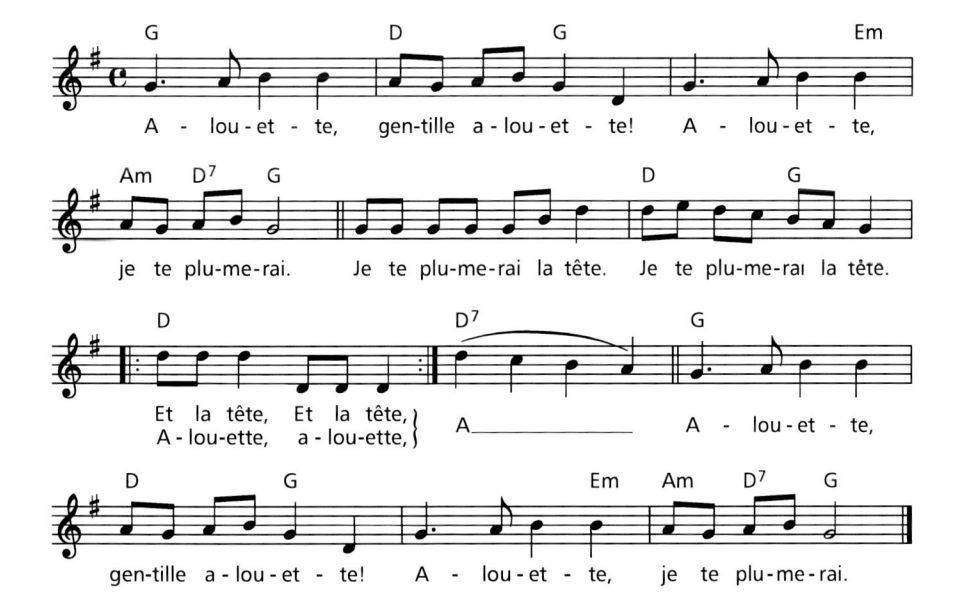

A - lou - et - te, gen-tille a - lou - et - te! A - lou - et - te,
je te plu-me-rai. Je te plu-me-rai la tête. Je te plu-me-rai la tête.
Et la tête, Et la tête,
A - lou-ette, a - lou-ette, } A_____ A - lou - et - te,
gen-tille a - lou - et - te! A - lou - et - te, je te plu-me-rai.

Et le bec.
Et le cou.
Et le dos.

Et les ailes.
Et les pattes.
Et la queue.

3.3 Au clair de la lune

Au clair de la lu - ne, mon a - mi pier - rot!
Prê - te - moi ta plu - me, pour é - crire un mot.
Ma chan-delle est mor - te. Je n'ai plus de feu.
Ou - vre - moi ta por - te, pour l'a - mour de Dieu.

Au clair de la lune
Pierrot répondit:
Je n'ai pas de plume.
Je suis dans mon lit.
Va chez la voisine.
Je crois qu'elle y est,
Car dans sa cuisine
On bat le briquet.

3.4 La barbichette

Je te tiens, tu me tiens, par la bar-bi-chet-te. Le pre-mier de nous deux qui ri-ra, au-ra une ta-pette. Un, deux et trois croi-sons les bras comme des p'tits sol-dats.

3.5 Fais dodo, Colas

Fais do-do, Co-las, mon p'tit frè-re. Fais do-do, t'au-ras du lo-lo. Ma-man est en haut qui fait des gâ-teaux. Pa-pa est en bas qui fait du cho-co-lat Fais do-do, Co-las, mon p'tit frè-re. Fais do-do, t'au-ras du lo-lo.

3.6 Frère Jacques

[Notenbeispiel: Frère Jacques in F-Dur, 4/4-Takt, mit Text:]
Frè-re Jac-ques! Frè-re Jac-ques! Dor-mez-vous? Dor-mez-vous? Son-nez les ma-ti-nes! Son-nez les ma-ti-nes! Ding, ding, dong! Ding, ding, dong!

Dieses Lied gibt es im Französischen, aber auch in einer ganzen Reihe anderer europäischer Sprachen. Es ist daher gut als ein Beispiel für die vielen Gemeinsamkeiten der Kulturen geeignet.

Meister Jakob, Meister Jakob!
Schläfst du noch? Schläfst du noch?
Hörst du nicht die Glocken? Hörst Du nicht die Glocken?
Bim, bam, bum! Bim, bam, bum!

Are you sleeping? Are you sleeping?
Brother John! Brother John!
Morning bells are ringing. Morning bells are ringing.
Ding, ding, dong! Ding, ding, dong!

Panie Janie, Panie Janie!
Rano wstań! Rano wstań!
Wszystkie dzwony biją, wszystkie dzwony biją.
Bim, bam, bom! Bim, bam, bom!

Fra' Martino campanaro,
Dormi tu, dormi tu?
Suona le campane,
Suona le campane.
Din, don, dan! Din, don, dan!

Tembel Çocuk, tembel çocuk,
haydi kalk, haydi kalk.
Artık sabah oldu, artık sabah oldu!
Gün doğdu, gün doğdu.

3.7 Il était un petit navire

Il était un petit navire
Tout blanc, tout blanc sous le ciel bleu.
Tous les soirs, sur la mer d'Antibes,
Il s'en allait vers l'inconnu.
Ce qu'il portait dans sa carène,
Nous n'en avons jamais rien su.

3.8 Il pleut, bergère

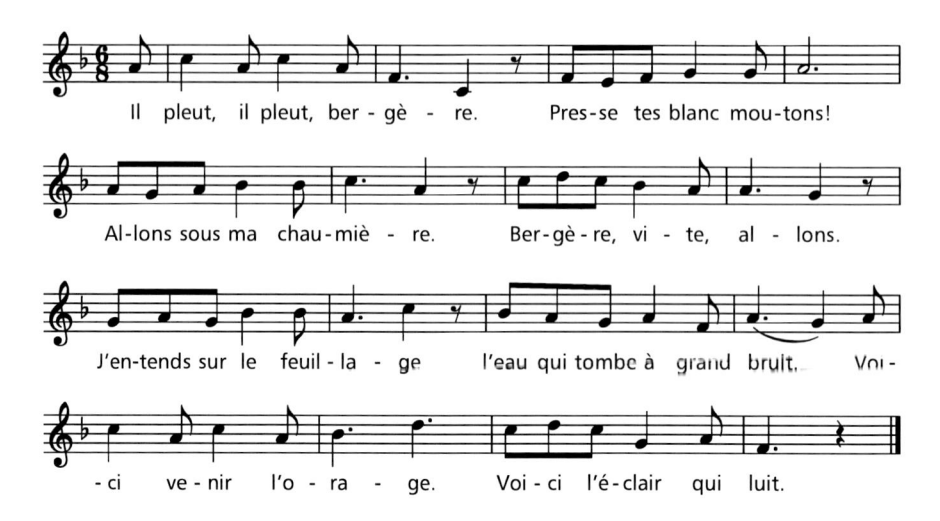

Il pleut, il pleut, ber - gè - re. Pres-se tes blanc mou-tons!
Al-lons sous ma chau-miè - re. Ber-gè-re, vi - te, al - lons.
J'en-tends sur le feuil - la - ge l'eau qui tombe à grand bruit. Voi-
- ci ve - nir l'o - ra - ge. Voi - ci l'é-clair qui luit.

3.9 Jean Petit qui danse

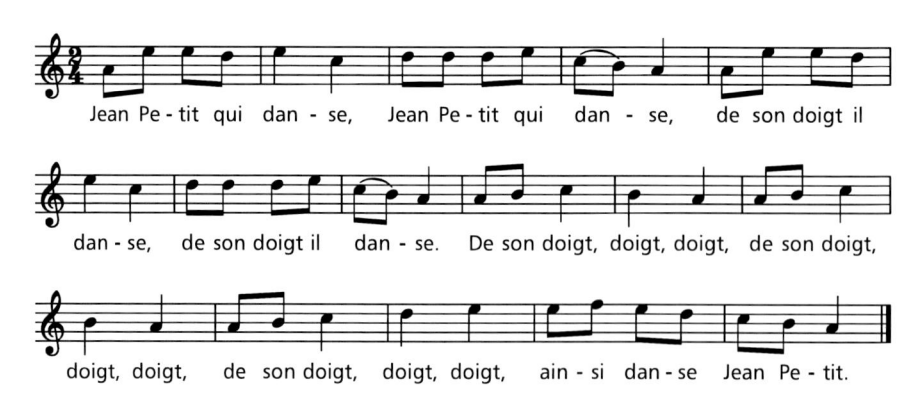

Jean Pe - tit qui dan - se, Jean Pe - tit qui dan - se, de son doigt il
dan - se, de son doigt il dan - se. De son doigt, doigt, doigt, de son doigt,
doigt, doigt, de son doigt, doigt, doigt, ain - si dan - se Jean Pe - tit.

3.10 Dans la forêt lointaine

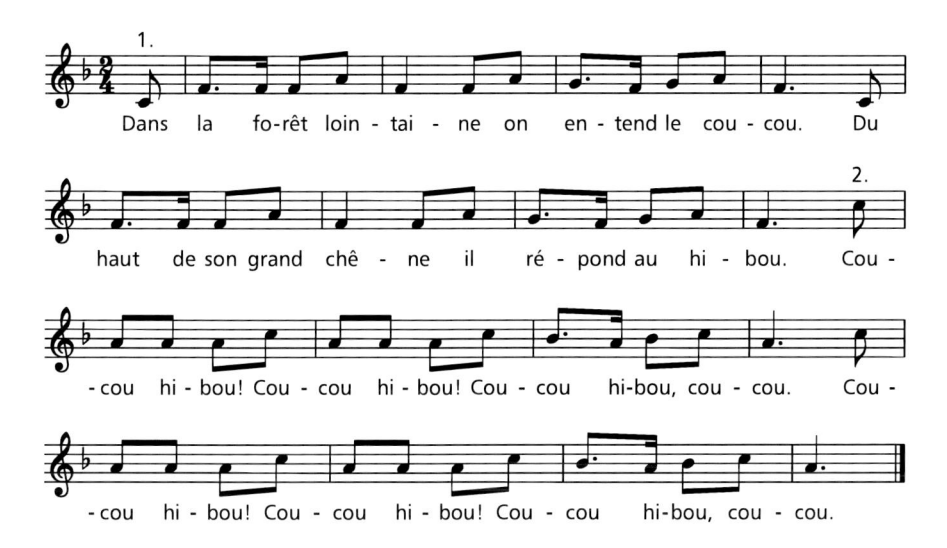

Dans la fo-rêt loin-tai-ne on en-tend le cou-cou. Du haut de son grand chê-ne il ré-pond au hi-bou. Cou-cou hi-bou! Cou-cou hi-bou! Cou-cou hi-bou, cou-cou. Cou-cou hi-bou! Cou-cou hi-bou! Cou-cou hi-bou, cou-cou.

3.11 Lundi matin

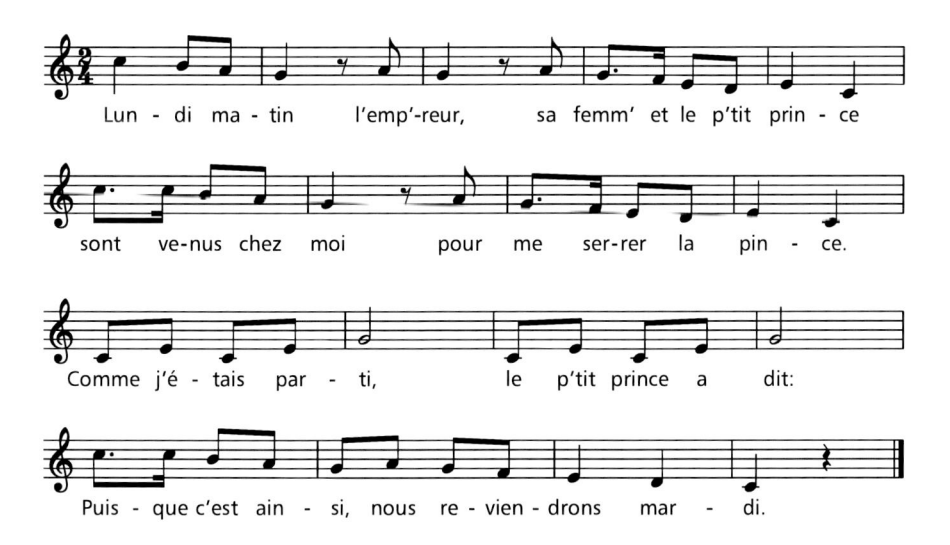

Lun-di ma-tin l'emp'-reur, sa femm' et le p'tit prin-ce sont ve-nus chez moi pour me ser-rer la pin-ce. Comme j'é-tais par-ti, le p'tit prince a dit: Puis-que c'est ain-si, nous re-vien-drons mar-di.

Mardi matin …
Mercredi matin …
Jeudi matin …
Vendredi matin …

Samedi matin …
Dimanche matin le p'tit prince a dit:
Puisqu'il n'y est plus,
Nous ne reviendrons plus.

3.12 Mon âne

Mon â-ne, mon â-ne a bien mal à la tête. Ma-dame lui fit fai-re un bon-net pour sa fête, un bon-net pour sa fête et des sou-liers li-las, la, la, et des sou-liers li-las.

Mon âne, mon âne
A bien mal aux oreilles.
Madame lui fit faire
Une paire de boucles d'oreilles,
Un bonnet pour sa fête
Et des souliers lilas, la, la,
Et des souliers lilas.

Mon âne, mon âne
A bien mal aux yeux.
Madame lui fit faire
Une paire de lunettes bleues,
Une paire de boucles d'oreilles,
Un bonnet pour sa fête
Et des souliers lilas, la, la,
Et des souliers lilas.

3.13 Pirouette cacahouète

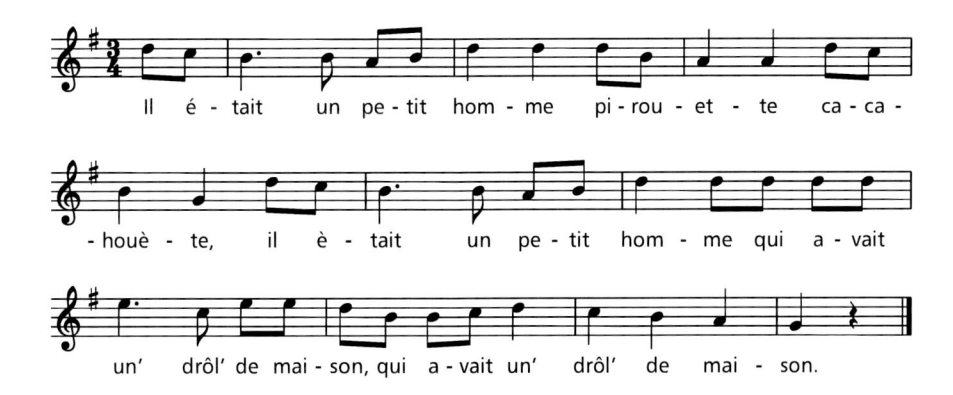

Il é-tait un pe-tit hom-me pi-rou-et-te ca-ca--houè-te, il è-tait un pe-tit hom-me qui a-vait un' drôl' de mai-son, qui a-vait un' drôl' de mai-son.

3.14 Promenons-nous dans les bois

Prome-nons - nous dans les bois, pen-dant que le loup n'y est pas. Si le loup y é-tait, il nous man-ge-rait. Mais comme il y est pas, il nous mang'-ra pas. Loup, y es tu? Que fais - tu? M'en-tends - tu? Je mets ma che-mise.

Der letzte Satz wird nicht gesungen, sondern in »wölfischer« Manier gesprochen (möglichst bedrohlich).

Der gesamte übrige Text kann beliebig oft wiederholt werden, nur dass der letzte Satz ersetzt wird durch:

Je mets ma culotte.
Je mets mes chaussettes.
mets ma veste.

Lieder und Tänze

Usw. mit beliebigen anderen Kleidungsstücken.

Am Schluss ruft der Wolf: Je mets mon fusil. J'arrive.
Und die Kinder antworten im Chor: Sauvons nous!

3.15 Savez-vous planter les choux?

Sa - vez - vous plan - ter les choux, à la mo - de, à la mo - de, sa - vez-vous plan-ter les choux, à la mo - de de chez nous?

On les plante avec la main. À la mode …
On les plante avec le pied. À la mode …
On les plante avec le coude. À la mode …
On les plante avec le genou. À la mode …
On les plante avec le nez. À la mode …

3.16 Sur le pont d'Avignon

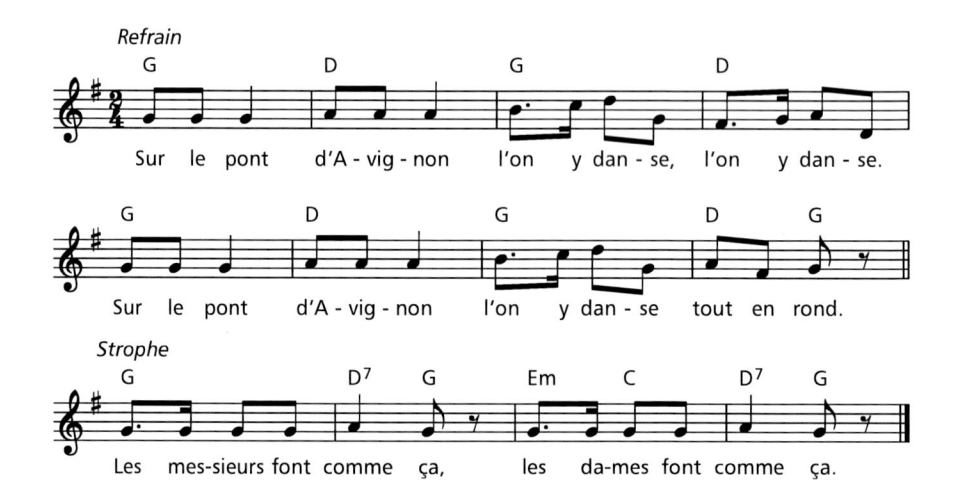

Refrain

Sur le pont d'A - vig - non l'on y dan - se, l'on y dan - se.
Sur le pont d'A - vig - non l'on y dan - se tout en rond.

Strophe

Les mes-sieurs font comme ça, les da-mes font comme ça.

3.17 Un kilomètre à pied

Un ki-lo-mètre à pied, ça u - se, ça u - se,
un ki-lo-mètre à pied, ça u - se les sou - liers. La pein-
-tu - re à l'hui - le, c'est bien dif - fi - ci - le mais c'est
bien plus beau que la pein - tu - re à l'eau.

3.18 Une souris verte

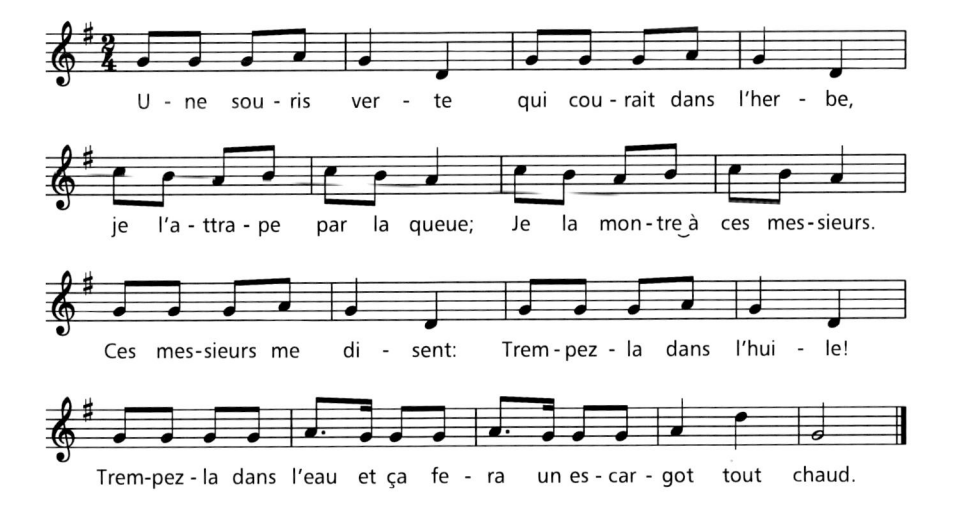

U - ne sou - ris ver - te qui cou - rait dans l'her - be,
je l'a - ttra - pe par la queue; Je la mon - tre à ces mes - sieurs.
Ces mes - sieurs me di - sent: Trem - pez - la dans l'hui - le!
Trem - pez - la dans l'eau et ça fe - ra un es - car - got tout chaud.

3.19 Y a une pie

Y a une pie dans l' poi-rier, j'en-tends la mère qui chan - te.
Y a une pie dans l' poi-rier, j'en-tends la mère chan - ter. J'en -
- tends, j'en - tends, j'en - tends la mère qui chan - te. J'en -
- tends, j'en - tends, j'en - tends la mère chan - ter.

4 Geschichten | Histoires et contes

In Anlehnung an Bruner spricht Kubanek-German von zwei wesenhaft unterschiedlichen Formen des Denkens: »Denken in Geschichten (narratives Denken) und Argumentieren (logisch-wissenschaftliches Denken). Sie unterscheiden sich in ihrer Art, Erfahrungen zu ordnen und die Wirklichkeit zu konstruieren. Letztere führt zu guten Theorien, stichhaltigen Beweisen oder zur Vorhersage möglicher formaler Verbindungen. Im narrativen Denken führt sie zu guten Geschichten.« (Kubanek-German 1993, 48)

Ohne den Vorschulkindern etwa die Fähigkeit zu logisch-wissenschaftlichem Denken abzusprechen, lässt sich aufgrund der Beobachtung ihres kognitiven Verhaltens feststellen, dass sie in den meisten Lebenssituationen das narrative Denken vorziehen. Diese Erkenntnis gilt es für die bilinguale Vorschulerziehung zu nutzen.

Im Folgenden werden wir vier ausgewählte Geschichten mit vollem Text und acht weitere in Form einer kurzen Inhaltsangabe präsentieren.

Idées méthodologiques

Raconter avec le soutien du livre.

Raconter les histoires complexes avec des marionnettes.

Bricoler, à l'aide de leur dessin, des petites marionnettes puis faire un petit théâtre de marionnettes. Là aussi, pour des enfants timides, il est toujours intéressant de les «pousser» lentement mais sûrement vers un petit spectacle qui leur donnera ensuite de l'assurance pour l'école ... – pour la vie?

Faire faire des jeux de rôle aux enfants avec leurs mots et leurs textes.

Au fil du temps, ils gagneront en assurance et peut-être peut-on alors proposer un petit théâtre devant les autres groupes, devant les parents, avec des décors et costumes minimalistes mais qui les soutiennent dans leur «travail» et leur apparition «sur scène».

4.1 Ajdar

Quelle: Marjane Satrapi (2010): *Ajdar.*
Paris: Éditions Nathan.

Ajdar ist der Name eines furchterregenden Drachen. Er lebt in der Tiefe des Globus und lässt immer wieder die Erde über sich erbeben. Alle fürchten sich vor ihm: die Tiere, die Menschen, sogar der König. Und in der Tat sind die Erschütterungen so stark, dass in dem Durcheinander ganz neue Lebewesen entstehen: eine Vogelkuh, ein Schlangenfisch, eine Hundekröte und viele andere mehr. Die einzige, die nicht «erschüttert» ist, ist die kleine Mathilde. Sie schickt der König deshalb unter die Erde, um nachzusehen, was die Ursache der Beben ist, und sie entdeckt, dass Ajdar sich den Rücken verrenkt hat. Sie kuriert ihn, und Ajdar erschüttert die Erde ein letztes Mal, diesmal aber aus Freude.

    Es ist gerade das Unwahrscheinliche, Phantastische, das diese Geschichte so attraktiv macht, besonders für Kinder. Sie erfreuen sich an der irrealen Handlung und natürlich an dem Happy End. Hinzu kommt die sehr eindrucksvolle bildliche Gestaltung. Die von der Autorin selbst geschaffenen, farbenfrohen Zeichnungen erfreuen das Auge und bieten gute Voraussetzungen zu sprachlichem Lernen.

4.2 Tristan et les dragons

Quelle: Bertrand Fichou (1999): *Tristan et les dragons*
Paris: Pomme d'Api. Bayard Presse Jeune.

Tristan habite avec son père au château de Haute-Muraille, dans un pays infesté de dragons. Le papa de Tristan est d'ailleurs chasseur de dragons. Son nom, c'est Godefroy de la Fesse Grillée. Tristan a de la peine car il ne voit pas beaucoup son papa. Godefroy de la Fesse Grillée travaille trop!

Chaque matin, il avale son café en mâchouillant une biscotte, puis il part au grand galop se bagarrer deux ou trois dragons imprudents. Godefroy de la Fesse Grillée rentre tard, les pieds tout crottés, et quand Tristan lui demande s'il veut bien jouer avec lui, il répond avec un air épuisé: «Désolé, mon cher fils, pas ce soir, je suis trop fatigué pour jouer.» Afin de se faire pardonner, Godefroy a offert à Tristan de grands soldats de bois pour qu'il joue tranquillement pendant que lui, le papa fatigué, s'affale en ronflant dans le canapé.

Ce matin-la, Godefroy de la Fesse Grillée est parti pour chasser loin. Profitant de l'occasion, une bande de dragons poilus décide d'attaquer le château: «Ha, ha, ha! Godefroy n'est pas là, ricanent-ils en gratant leurs boutons, c'est le moment ou jamais de faire le bazar chez ce cornichon!»

Et Tristan voit arriver les dragons tout boîteux, tout baveux.

Il faut les arrêter, mais comment? Les horribles bêtes approchent en crachant du feu. Alors, Tristan a une idée. Vite, il court jusqu'à sa chambre, il prend deux soldats en bois et il grimpe les poser debout sur le haut des murailles. Puis il retourne à sa chambre, il prend deux autres soldats, et ainsi de suite ...

Il a du mal, les soldats sont lourds, mais pas question de se reposer avant de les avoir tous alignés comme si c'étaient des vrais. Soudain les dragons lèvent le nez et qu'est-ce qu'ils voient? Là-haut sur les remparts une armée tout entière qui les attend sans bouger! «Sauve qui peut!» s'écrient les affreux dragons en s'enfuyant. Ouf! Le château est sauvé.

Quand Godefroy de la Fesse Grillée rentre aux château, le soleil est déjà couché. Le chevalier comprend que Tristan, son fils bien-aimé, a fait fuir une vilaine bande de dragons.

«Mon fils, tu es digne de ton père, dit-il à Tristan. «Pour te remercier d'avoir sauvé le château, je veux bien ce soir avec toi jouer aux soldats de bois.»

«Désolé, mon cher père», lui répond Tristan, «pas ce soir, je suis trop fatigué pour jouer.»

Et Tristan s'affale en ronflant dans le canapé.

«Sacré garnement», murmure Godefroy devant son fils endormi.

«Puisque c'est comme ça, demain, je rentrerai tôt, et nous jouerons dans tout le château.»

Et c'est ce qu'il fit. Depuis dans tout les soirs, Tristan et son papa chasse des dragons en peluche avec leurs soldats de bois. Comme pour de vrai.

4.3 La gymnastique

Quelle: Terny, Josette (1991): *La ginnastica.*
Paris: Hatier

Das kleine Mädchen Maria sieht, wie ihre Mutter Gymnastik treibt und will es ihr nachmachen. Sie ruft ihre Spielzeugtiere zusammen, um sie nach ihrem Kommando

Gymnastikübungen machen zu lassen. Aber die wollen nicht wie sie. Sie haben keine Lust oder werden schnell müde. Außerdem machen sie einen solchen Lärm, dass Marie bald aufgibt und lieber selbst mit ihrer Mutter Gymnastik macht.

Das Besondere dieses Buches besteht darin, dass es zweisprachig (französisch/italienisch) angelegt ist, wobei die Texte in den beiden Sprachen auf jeweils gegenüberliegenden Seiten stehen.

Die Geschichte ist farbenfroh und eindrucksvoll von der Illustratorin Chica be bildert.

4.4 À la bibliothèque

Quelle: Mörchen, Roland (2005): *À la bibliothèque.* Hildesheim: Kollektion OLMS junior im Georg Olms Verlag.

Dies ist eine der bekannten »Sachgeschichten zur Kultur« des Olms Verlages. Sie führen Kinder in einige der wichtigsten kulturellen Einrichtungen ein, z. B. das Museum, das Theater und eben – wie hier – die Bibliothek. Sie tun dies in erzählerischer Form und sind zweisprachig angelegt, in diesem Falle deutsch-französisch. Die Befürchtung, dass die Geschichten das Verständnis von Kindern unter 6 Jahren überfordern, kann durch den Hinweis auf die Möglichkeit zur Kürzung und/oder Vereinfachung entkräftet werden. Außerdem helfen die eindrucksvollen Illustrationen von Katja Kiefer beim Verstehen der Geschichten.

Illustration: Olivier Violleau

Im Folgenden präsentieren wir die Geschichte in zwei typischen Auszügen.

Tous ces livres!
   C'est la première fois que Benni va à la bibliothèque municipale. (…) Tous ces livres!
   »Comment faire pour trouver le bon livre, ici?« demande-t-il.
   »C'est exactement pour cela que nous sommes ici«, répond Mme Wette, la prof principale.
   La 5ème b est venue à la bibliothèque pour deux heures.

Une bibliothécaire vient les accueillir: »Je suis Madame Burg. Je suis responsable de la section enfants et jeunes et je suis chargée de la promotion de la lecture.«

»Est-ce que quelqu'un se souvient d'où vient le mot bibliothèque?« demande Mme Wette en regardant ses élèves tour à tour. Comme d'habitude, Lisa est la première à lever le doigt. (…)
Giorgios lève le doigt le plus haut qu'il peut. Il connaît la rèponse (…).
»Ça vient du grec«, dit-il.
»Le mot bibliothèque désigne une collection de livres.« ajoute Fatima.
(…)
Un grand enfant!
(…) »Où se trouvent les espaces de lecture?«
»(…) C'est ici entre les BD et les livres pour la jeunesse.«
Benni veut savoir si les coussins et les tapis situés près des livres d'images et des jeux sont aussi des espaces de lecture.
»Certainement«, dit Lisa.
»Mais les tout petits ne peuvent pas encore lire«, objecte Jens.
»Non, mais ils peuvent feuilleter les livres et regarder les images.«
»Moi, je trouve que ça ressemble plutôt à une salle de jeux.«
»Regardez-moi ce grand enfant!« dit Lisa pour narguer Jens.

4.5 Johnny, le setter

Quelle: Fritzsch, Reinhard & Gersmeier, Ria (2009): *Johnny, le setter.* Hildesheim: Kollektion OLMS junior im Georg Olms Verlag.

Dies ist eine der bilingualen Tier-Sachgeschichten aus der Kollektion Olms Junior im Georg Olms Verlag.
Es handelt sich dabei um Geschichten in jeweils zwei Sprachen, der Erstsprache und der Partnersprache der Kinder. Die Intention ist, die Kinder in narrativer Form mit ausgewählten Bereichen ihrer Umwelt vertraut zu machen. Das Motto des Verlages: Fremdsprache und erzähltes Sachwissen ergänzen einander.
Erzieherinnen, die mit diesen Geschichten gearbeitet haben, schätzen an ihnen den Realitätsbezug, die Zweisprachigkeit (fremdsprachiger Text und deutscher Text stehen einander gegenüber), die informativen Bilder, die die Texte illustrieren, sowie die intelligente Erläuterung wichtiger und schwieriger Begriffe.
In Kindertagesstätten, in denen je zwei Erzieherinnen kooperieren, also eine deutsche und eine aus einem Land der Partnersprache, können diese die beiden Texte komplementär einsetzen.

Geschichten

Der Inhalt der Geschichte:
Aus einem Wurf junger Setter sucht sich die Familie H. den kleinen Hundejungen Johnny aus. Zuerst fühlte er sich einsam und vermisst seine Hundefamilie, doch schnell gewöhnt er sich an sein neues Zuhause. Wie Johnny aufwächst und was er mit seiner neuen Familie erlebt, wird in der Geschichte anschaulich und informativ erzählt.

4.6 Salomé veut une histoire

Quelle: Christine Naumann-Villemin (2005): *Salomé veut une histoire.*
Paris: Kaléidoscope Lutin poche de l'école des loisirs.

Die kleine Salomé liegt im Bett und kann (will?) nicht einschlafen. Ihre Mutter hat ihr schon zwei Geschichten vorgelesen; aber Salomé bittet sie, ihr noch eine weitere zu erzählen. Aber nicht so eine langweilige wie sonst solle es sein!
 Deshalb erfindet die Mutter eine Geschichte, die so aufregend ist, dass es Salomé Angst und Bange wird. Nun will sie lieber doch schlafen.

Die Erzählung wird in dem kleinen Buch so amüsant präsentiert, dass auch Vorschulkinder an ihr ihre große Freude haben. Die lustigen Bilder der Zeichnerin Marianne Barcilon verstärken den Genuss.

4.7 Lulu à la plage

Quelle: Alex Sanders (2009): *Lulu à la plage.*
Paris: L'école des loisirs

Der kleine weiße Hase Lulu begegnet auf seinen Streifzügen allerlei Tieren, die ihm stolz erzählen, was sie alles können: einem Hund, einem Pinguin, einer Schildkröte. Da wird der Hase ganz traurig, weil er im Gegensatz zu all den anderen Tieren nicht schwimmen kann. Er wird aber dadurch getröstet, dass er wie die anderen Tiere gut tanzen kann. Am Schluss tanzen alle gemeinsam und sind fröhlich.

Diese simple, aber lustige Bildergeschichte ist sehr gut für die jüngsten unter den Kindergartenkindern geeignet.

4.8 Salut à toi, Auguste

Quelle: Paule Brière (1999): *Salut à toi, Auguste*
Paris: Pomme d'Api. Bayard Presse Jeune.

Le roi des animaux, c'est César le lion.
Mais Auguste, le petit singe
Voudrait bien être roi à la place du roi.
Alors il se dit: «Il me faut un trône».
Et il part en chercher un.

Quand il voit un bananier, il se dit:
«Voilà le trône qu'il me faut!»
Auguste grimpe à l'arbre.
Il mâchonne quelques bananes
et il se flanque les peaux sur la tête.

Il se dit: »Oui, vraiment,
ce trône est parfait,
il donne des fruits délicieux,
il donne même la couronne!»
Ses amis se moquent de lui:
«Salut à toi, Auguste,
«ô roi des gourmands!»

Auguste le petit singe est fâché.
Il part à la recherche
D'un meilleur trône.
Quand il voit un énorme baobab,
il se dit: «Voilà, cette fois,
le trône qu'il me faut!»
Et grimpe sur une des branches.

Mais soudain, CRAC,
la branche casse!
Auguste dégringole de l'arbre,
et atterrit
dans la poussière!

Ses amis se moquent de lui:
«Salut à toi, Auguste,
ô roi des maladroits!»

À ce moment-là,
César le lion arrive. Il est énervé
par tout ce remue-ménage.
Il ouvre sa gueule en rugissant:
«Qui a osé me déranger,
moi, le roi?»
Auguste et ses amis s'éloignent.
Mais dès qu'ils sont loin,
Auguste fait rire tous ses amis
en faisant des grimaces
pour imiter César.
Alors, tous ensemble, ils s'écrient:
«Salut à toi, Auguste!
Le roi des animaux, c'est César,
mais toi, tu es le roi des clowns!»

4.9 La belle au bois dormant

Quelle: Dieses populäre Märchen entstammt der *Tradition Orale.*

Schriftlich niedergelegt und damit europaweit bekannt gemacht hat es Charles Perrault (1628–1703). Dessen Version hat auch auf die deutsche Literatur gewirkt, und die Gebrüder Grimm haben es – unter Nutzung der Perraultschen Quelle – als «Dornröschen» in ihre Märchensammlung aufgenommen.

Die folgende Version hat Gilbert Dalgalian anhand mündlicher Überlieferungen für französische Kindergärten verfasst. Erzieherinnen in deutschen bilingualen Einrichtungen steht es frei, den hier vorliegenden Text für ihre Zwecke weiter zu vereinfachen.

Il était une fois un roi et une reine qui se désolaient de n'avoir pas d'enfant.
Un jour cependant, alors que la reine était allongée dans son bain, une grenouille lui parla ainsi: «Ton vœu sera réalisé: Bientôt, tu mettras au monde une fille.»

L'année suivante, la reine mit au monde une fille qui était si belle que le roi, rempli de joie, fit donner une grande fête. Y furent invités la famille, les amis, les connaissances, mais aussi toutes les fées du pays. Il y en avait treize dans le royaume, mais comme il n'y avait que douze assiettes en or pour leur repas, l'une d'elles devait rester chez elle. La fête fut donnée avec faste et lorsqu'à la fin les fées vinrent offrir à la jeune princesse leurs merveilleux dons, l'une lui offrit la Vertu, une autre la Beauté, la troisième la Richesse et tout ce qui peut se souhaiter dans ce monde.

La onzième avait à peine fait son don, qu'entra brusquement la treizième. Elle voulait ainsi se venger de n'avoir pas été invitée et, sans saluer ni regarder personne, elle proféra d'une voix puissante: «La fille du roi se piquera avec un fuseau lors de ses quinzes ans et en tombera morte.» Et sans un mot de plus, elle quitta la salle.

Tout le monde en fut atterré. C'est alors qu'entra la douzième fée qui n'avait toujours pas fait son don à la princesse. Ne pouvant lever le mauvais sort, mais seulement l'adoucir, elle fit une prédiction: «La princesse ne mourra pas, mais elle tombera dans un profond sommeil qui durera cent années.» Le roi voulut protéger sa chère enfant et ordonna que tous les fuseaux de son royaume soient brûlés. Les dons des fées furent pleinement réalisés et l'enfant était si belle, si modeste, bonne et pleine de bon sens que tout le monde lui témoignait beaucoup d'amour.

Arriva le jour de ses quinze ans: Le roi et la reine s'étaient absentés du château et la jeune fille était seule. Elle se rendit partout pour le plaisir, inspectant les pièces, les chambres et parvint finalement dans une vieille tour. Elle monta les marches en colimaçon et arriva devant une petite porte. Lorsqu'elle la tourna la clé, la porte s'ouvrit sur une vieille femme assise dans une pièce minuscule et qui filait le lin.

«Bonjour, petite mère», dit la fille du roi, «Que fais-tu là?»

«Je file», dit la vieille en hochant la tête.

«Qu'est-ce que cette chose qui sautille joyeusement?» questionna la princesse qui prit le fuseau des mains de la vieille, car elle aussi voulait filer.

À peine eut-elle touché le fuseau que la prédiction fut accomplie, elle se piqua le doigt. À l'instant même où elle ressentit la piqûre, elle tomba sur le lit qui se trouvait là et plongea dans un profond sommeil. Et ce sommeil se répandit sur tout le château: le roi et la reine qui venaient d'entrer dans la grande salle sombrèrent aussi dans le sommeil et toute la cour avec eux.

Les chevaux dans l'écurie, les chiens dans la cour, les colombes sur le toit, les mouches sur le mur, oui, le feu qui flamboyait dans l'âtre, tout devint tranquille et s'endormit. Même le vent se calma et, dans les arbres autour du château, plus une feuille ne bougeait.

Autour du château, une haie d'aubépines commença à croître devenant chaque année de plus en plus haute; elle entoura tout le château, si bien que l'on ne pouvait voir ni le château, ni même le drapeau qui flottait sur le toit.

Alors courut dans le pays la légende de la Belle au Bois Dormant, ainsi que fut nommée la princesse, et tous les fils de roi se rendirent en direction du château pour ouvrir un chemin à travers la haie. Mais c'était impossible, car les épines étaient comme des bras fortement entrelacés; Les jeunes hommes y restaient accrochés sans pouvoir s'en défaire et mouraient tous d'une fin atroce.

Bien des années plus tard vint un prince qui avait entendu d'un vieil homme l'histoire d'un château et, dans celui-ci, il était dit qu'une Belle au Bois Dormant sommeillait depuis cent ans ainsi que le roi, la reine et toute la cour et que de nombreux fils de roi étaient venus et avaient tenté de franchir la haie, mais ils y étaient restés accrochés.

Alors le jeune prince déclara: «Je ne crains rien, et je veux voir la Belle au Bois Dormant.» Le vieil homme le mit en garde, mais le prince ne voulut rien savoir. Cependant les cent ans s'étaient écoulés et le jour était venu où la Belle au Bois Dormant devait se réveiller. Quand le prince s'approcha de la haie d'épines, de belles fleurs s'écartèrent pour le laisser passer sans le blesser et se refermèrent derrière lui. Dans la cour du château, il vit les chevaux et les chiens de chasse allongés et endormis, sur le toit les colombes étaient perchées la tête enfouie sous l'aile. Les mouches dormaient collées au mur, le cuisinier tendait encore le bras pour se saisir de l'apprenti et la servante était assise devant la poule noire qu'elle devait plumer. Il alla dans la grande salle: toute la cour y était endormie et sur le trône dormaient le roi et la reine. Il poursuivit son chemin jusqu'à la tour, ouvrit la porte de la petite pièce où sommeillait la Belle au Bois Dormant …

Elle dormait là si belle qu'il ne pouvait en détourner les yeux. Il se pencha et lui donna un baiser. Alors qu'il l'effleurait de ses lèvres, la Belle au Bois Dormant ouvrit les paupières, se réveilla et le regarda étonnée, avec affection. Puis ils descendirent ensemble, le roi, la reine et toute la cour se réveillèrent en faisant de grands yeux.

Et les chevaux dans la cour se levèrent et ruèrent; les chiens de chasse sautèrent et remuèrent la queue; les colombes sur le toit sortirent la tête de dessous leur aile, puis s'envolèrent vers les champs; les mouches sur le mur bourdonnèrent à nouveau; le feu dans l'âtre crépita de plus belle; le cuisinier envoya une taloche à l'apprenti qui se mit à crier; et la servante finit de plumer la poule.

Bientôt les noces du prince avec la Belle au Bois Dormant furent célébrées avec faste et ils vécurent heureux jusqu'à leurs derniers jours.

Histoires et contes

4.10 Petit ours brun

Quelle: Claude Lebrun (1997): *Petit Ours Brun*
Paris: Bayard Jeunesse

Die beliebte französische Kinderbuchserie besteht aus 25 Geschichten aus dem alltäglichen Leben eines kleinen braunen Bären, der zufrieden ist, klein zu sein, – bis auf die wenigen Momente, in denen es doch vorteilhaft wäre, groß zu sein. Er erlebt viele Momente, die für ihn aufregend sind: Ball spielen, telefonieren, Sternegucken, die Welt erkunden, – alle dargestellt in einer Weise, die es Kindern leicht macht, sich mit ihm zu identifizieren.
　Die einfachen Geschichten sind von Danièle Bour farbenfroh und ansprechend illustriert.

4.11 Grand loup et petit loup

Quelle: Nadine Brun-Cosmé & Olivier Tallec (2005): *Grand loup et petit loup.*
Paris: Père Castor & Flammarion.

Dies ist die Geschichte einer Freundschaft, – zwischen einem großen Wolf und einem kleinen Wolf. Der große Wolf liebt seine Freiheit und merkt erst, dass auch er die Gesellschaft anderer Wesen braucht, als eines Tages ein kleiner Artgenosse auftaucht. Dieser stört ihn zunächst, wird aber bald zu einem guten Vertrauten; und als er dann einige Zeit verschwindet, fehlt er dem großen Wolf sehr. Das Happy End: Die beiden gewöhnen sich aneinander, freunden sich an und nehmen dafür die kleinen alltäglichen Probleme des Zusammenlebens in Kauf.
　»Pour Grand Loup, le solitaire, accepter un autre loup, aussi petit soit-il, ce n'est pas si facile.« (Flammarion).
　Diese sehr einfach geschriebene Geschichte mit ihrer unaufdringlichen Moral beeindruckt Vorschulkinder stark und ist auch für bilinguale Kitas gut geeignet.

4.12 Tam-tam couleurs

Quelle: Caroline Desnoëttes & Isabelle Hartmann (2007): *Tam-tam couleurs*. Paris: Édition de la Réunion des musées nationaux.

Diese anspruchsvolle Geschichte kann nur mit viel erklärender Hilfe durch die Erzieherinnen im bilingualen Kindergarten eingesetzt werden. Aber das ist sie aufgrund ihres interkulturellen Inhaltes wert. Sie spielt im Senegal.

Dort erzählt Großvater Moussa seiner Enkelin Fatou von seiner Reise quer durch den afrikanischen Kontinent. Er berichtet ihr von seinen vielen Begegnungen mit fremden Menschen und Tieren in Mali, im Tschad, in Kamerun und im Kongo und weckt das Interesse der kleinen Fatou.

Das Buch ist reich bebildert und zeigt den Kindern repräsentative kulturelle Produkte der von Moussa durchreisten Länder.

5 Realien | Poids et Mesures

Welch sprachförderndes Potenzial den alltäglichen, stets gegenwärtigen Realien innewohnt, wird häufig übersehen. Dabei bieten die in den Kindertagesstätten meist schon vorhandenen und für das Sachlernen ohnehin benötigten Materialien und Vorrichtungen eine Fülle von Möglichkeiten zu sprachlicher und daher auch bilingualer Erziehung. Eine gute Übersicht liefert die folgende Zusammenstellung.

Un des grands avantages de l'école maternelle est le fait que son curriculum ouvert permet une approche holistique à l'enseignement d'une seconde langue. Cet enseignement peut être intégré sans problèmes dans les activités quotidiennes, c'est à dire sans devoir créer des situations pseudo-authentiques et sans introduire de matériaux supplémentaires. Les enseignants peuvent se servir simplement des matériaux déjà présents.

Was in jeder bilingualen Kita stets greifbar sein sollte:

> Papier, carton, ciseaux, règles,
> pots et plats, boîtes et tubes, verres et plateaux,
> crayons, teinture, fusain,
> pinceaux et brosses,
> colle et matériaux pour collages, par exemple étoffe, laine, coton,
> pâte à modeler, sable.

5.1 Pappe/Papier und Malstifte – Carton/papier et crayons

Die schlichteste, aber bei vielen Kindern sehr beliebte Form der Verwendung von vorhandenen Materialien ist das Ausmalen von Zeichnungen. Das folgende Beispiel zeigt eine einfache Nutzung dieser kindlichen Neigung für die Förderung der Kompetenz in der Partnersprache.

L'utilisation la plus simple de matériaux disponibles qui est très populaire chez les enfants de l'école maternelle consiste à colorier des dessins. Mais elle donne aussi des occasions créatives que les éducatrices peuvent exploiter pour promouvoir la compétence linguistique des enfants.

Mögliche Anregung:

Trouve les trois pommes qui ont la même taille que celle-ci. Colorie-les toutes de la même couleur.

Mögliche Äußerungen der Kinder dazu:

    Mes grandes pommes sont vertes.
    Mes petites pommes sont rouges.

Illustration: Jasper Doyé

5.2 Pappe/Papier und Schere – Carton/papier et ciseaux

Nach einer Idee von Bettina King. (Doyé & King 2010, 59)

Figuren auszuschneiden und anzumalen (und gegebenenfalls zu beschriften), macht auch den meisten Kindern im Vorschulalter Spaß. Sie können dabei sehr kreativ werden, und die Erzieherinnen können diese Kreativität zu sprachlicher Schulung nutzen.

Découper et colorier des figurines est aussi très populaire à l'école maternelle. Ces activités permettent aux enfants de faire preuve de leur créativité.

5.3 Messlatte – Toise

Nach einer Idee von Bettina King. (Doyé & King 2010, 62)

Häufig stehen den Erzieherinnen in bilingualen Kindertagesstätten Messlatten zur Verfügung, die zu verschiedensten Zwecken – hauptsächlich aber für die Schulung im Zählen und Messen – verwendet werden können. Für den besonderen Zweck des Erfassens der Körpergröße empfiehlt es sich jedoch, eine dafür speziell geeignete Messlatte selbst anzufertigen. Dies kann auf einfache Weise geschehen:
    Auf einem zwei Meter langen und 20 Zentimeter breiten Stück Fotokarton wird in der Mitte eine für die Größe der Kinder ausreichend lange, senkrechte Säule eingezeichnet, die auf der linken Seite Maßeinheiten in Metern und Zentimetern aufweist. Der Karton wird laminiert.
    Die Größe der Kinder wird in regelmäßigen Abschnitten gemessen und ihre Namen werden auf Prägeschildern an den entsprechenden Stellen der Skala angebracht. Die Position der Schilder kann gemäß dem Wachstum der Kinder leicht verändert werden.

Une activité très répandue dans les jardins d'enfants consiste à mesurer la taille des enfants. Pour cela la maîtresse utilise une toise.
    Cette activité sert d'abord à apprendre compter et mesurer, mais peut aussi être exploitée pour la promotion de la compétence linguistique.

Mögliche Anregungen:

>Quelle taille as-tu?
>Es-tu plus grand(e) que Monique?
>Voyons qui est le plus grand?
>
>Mögliche Kinderäußerungen:
>Je fais 1 mètre 20.
>Je suis grand pour mon âge.
>Qu'est-ce que j'ai grandi!
>Je suis plus petit(e) que Jacques.

5.4 Steine – Pierres

Die überall verfügbaren Steine für das Sprachenlernen zu nutzen, liegt so nahe, dass sie in der Aufzählung der hilfreichen Materialien meist fehlen. Jedoch ist deren mediales Potenzial enorm und verdient reflektiert zu werden. Aufgrund ihrer Form und/oder Farbe motivieren Steine die Kinder stark (Österreicher 2008, 34), und die Aufgabe der Erzieherinnen besteht jetzt darin, diese Motivation gezielt für die Sprachförderung einzusetzen – beim Erlernen der Beschreibung, der Kategorisierung, der Zweckbestimmung (beim Bauen und Basteln) und der emotionalen Attraktion.

Parmi les matériaux qui sont présents dans l'entourage de presque chaque jardin d'enfants, les pierres peuvent jouer un rôle important. Elles se prêtent à être exploitées pour la promotion de la compétence communicative des enfants.

Mögliche Anregungen:

> Combien de pierres voyez-vous?
> Quelle est la pierre la plus petite?
> Où est la plus grande pierre?
> Rangez les pierres selon leur taille!

5.5 Würfel – Dés

Nach einer Idee von Bettina King. (Doyé & King 2010, 63)

Kinder haben ein natürliches Interesse an Zahlen und sind auch bereit, in der Partnersprache zu zählen. Es ist wichtig, dieses Interesse zu fördern, indem man sie mit genügend mathematischen Lernmöglichkeiten versorgt. Würfel bieten vielfältige Möglichkeiten dazu.

Les enfants portent un intérêt naturel aux nombres et sont ouverts à leur apprentissage en langue partenaire. Il est important de soutenir cet intérêt en créant des situations qui demandent l'utilisation des adjectifs numéraux français. Les dés offrent beaucoup d'opportunités pour un tel apprentissage.

Ein *Punktewürfel* eignet sich gut zum Zählen und Auslosen und kann für Aktionsspiele eingesetzt werden. Die Tätigkeiten werden vorab besprochen und den einzelnen Punkten zugeordnet.

Möglichkeiten:

    1 = Taper dans les mains
    3 = Sauter sur une jambe
    5 = Rire fort

Auch *Farbwürfel* sind sehr beliebt und können ähnlich eingesetzt werden. Es wird statt der Punkteanzahl die Farbe benannt und ein Gegenstand mit dieser Farbe im Raum gesucht. Bei Auftreten der Farbe gelb reagieren die Kinder also mit Sätzen wie »La porte est jaune.«. Oder sie benennen Gegenstände außerhalb ihres Sichtfeldes wie »Les bananes sont jaunes.«

Gefühlswürfel sind ein gutes Mittel, um Gespräche über das eigene Befinden zu initiieren. Auf allen sechs Seiten des Würfels ist je ein anderer Gesichtsausdruck zu sehen, z. B. un visage heureux, un visage triste, un visage furieux. Jeder Spieler würfelt und beschreibt das betreffende Gesicht: »C'est un visage heureux.« Oder er macht sich den Gesichtsausdruck zu eigen und sagt: »Je suis heureux.« Es können auch Begründungen angefügt werden wie: »Je suis heureux, parce que je peux jouer dans le jardin.«
   Variante: Die Kinder würfeln so lange, bis ihr Gefühlszustand oben auf dem Würfel erscheint.
   Selbstverständlich kann man Gefühlswürfel auch im Kindergarten selbst herstellen.

5.6 Themenbeutel – Sacs à idées

Nach einer Idee von Bettina King. (Doyé & King 2010, 64)

Die sogenannten Themenbeutel enthalten Gegenstände, die sinnvoll zusammengefügt eine Geschichte entstehen lassen. Werden sie passend miteinander verknüpft, unterstützen sie gut die Sprachentwicklung der Kinder und regen deren Fantasie an.

Les soi-disants ›sacs à idées‹ contiennent différents objets qui peuvent être utilisés pour construire des petites histoires en langue partenaire.

Beispiele:

   »Bürobeutel«: Locher, Lineal, Kugelschreiber, Tastatur, Mobiltelefon, Schreibblock usw.
   »Frisierbeutel«: Seife, Zahnbürste, Shampooflasche, Bürste, Fön usw.

Exemples:

Sac-bureau: règle, perforeuse, stylo, clavier, portable, dossier, calepin etc.
Sac de toilette: savon, brosse à dents, flacon de shampoing, sèche-cheveux etc.

Beliebt sind auch Beutel, die zum Nachspielen von Geschichten anregen. Für »Ajdar« (s.o. 4.1) kämen Stofftiere, Blumen und Häuser in Frage; für andere Geschichten Teddybären, Kissen und Wollknäuel – je nach Bedarf und Fantasie.
Die Themenbeutel sollten allen Kindern stets frei zugänglich sein.
Eltern sind meist gern bereit, weitere Utensilien beizusteuern.

5.7 Mengenkisten – Fourre-tout

Nach einer Idee von Bettina King. (Doyé & King 2010, 64)

Mengenkisten sind Behältnisse, die dazu dienen, Kinder dabei zu unterstützen, Mengen zu erfassen und diesen Mengen Zahlen zuzuordnen.
Am besten eignen sich dafür Schuhkartons, welche einheitlich bemalt oder mit Papier umklebt werden. Auf die Schmalseite des Kartons wird eine große 1 geschrieben, die gegenüberliegende Seite bekommt einen großen Punkt. An die übrigen Seiten werden die Zahlwörter »eins« bzw. »un« geschrieben. Dasselbe geschieht mit neun weiteren Kartons für die Zahlen 2 bis 10.

Ces boîtes permettent aux enfants de saisir les quantités et de les mettre en relation avec les nombres correspondants. Les cartons à chaussures sont parfait pour cet usage.

Der Gegenstände in den Mengenkisten sollten zunächst von derselben Art sein, nur eben in unterschiedlicher Menge; also 1–10 Kastanien, 1–10 Legosteine, 1–10 Spielzeugautos usw. Später können unterschiedliche Gegenstände hineingelegt werden, um den Kindern deutlich zu machen, dass es hier auf die Menge ankommt, nicht auf die Art.
Gemeinsam werden der Inhalt der Kisten und deren Handhabung besprochen. Je nach Alter oder Wissensstand der Kinder können diese sich allein, in Gruppen oder unter Anleitung der Erzieherin mit den Mengenkisten beschäftigen.
Während der Übung können die Mengen in den Kisten verringert, vergrößert oder gleich gelassen werden. Auch können die Gegenstände gegeneinander ausgetauscht werden, wobei die Kinder darauf zu achten haben, dass die Zahlen auf den Kisten mit dem jeweiligen Inhalt übereinstimmen.

Mögliche Fragen der Erzieherin:

> Combien de voitures voyez-vous?
> Quel est le numéro sur cette boîte?
> Combien de points voyez-vous?
> C'est le numéro 5?
> Combien de voitures restent, si j'en retire une?

Französische Erzieherinnen verwenden zusätzlich sogenannte Tableaux mit Gegenüberstellungen von Zahlen, Punkten und Handzeichen.

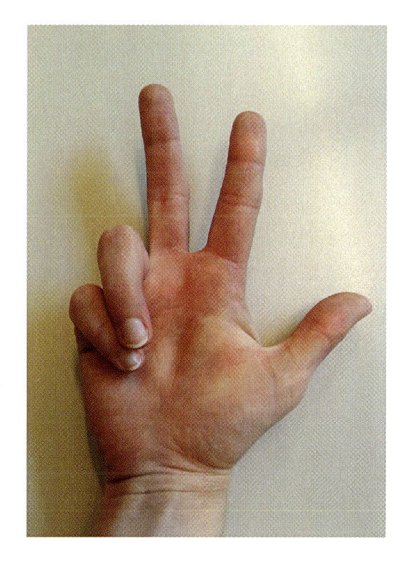

3   ● ● ●

5.8 Puppen/Handpuppen – Poupées/Marionnettes

Zu den Realien, die im Kindergarten praktisch immer präsent sind, kann man auch die Puppen – oft in Gestalt von Handpuppen – zählen. Sie können zum einen als »Gesprächspartner« der Erzieherinnen dienen, wenn diese Dialoge vorführen möchten. Dann können sie der Puppe als Gesprächspartner auch eine eigene Stimme verleihen.

Zum anderen können die Puppen als Figuren eingesetzt werden, an denen man bestimmte Tätigkeiten ausführt. So verwenden die Wolfsburger Erzieherinnen Puppen oft zur Demonstration des An- und Ausziehens. Die Kinder lernen dabei die Namen der wichtigsten Kleidungsstücke und die Bezeichnungen der anfallenden Tätigkeiten.

5.9 Kostüme – Costumes

Die meisten Kinder verkleiden sich gern. Sie sind auch bereit und – mit Hilfe der Erzieherinnen oder der Eltern – in der Lage, eigene Kostüme herzustellen. Gelegenheiten dafür gibt es genug: Jedwede Feier kann als Anlass genommen werden, die Kinder zum Spielen einer anderen Rolle zu bewegen und sich entsprechend zu verkleiden.

Nach Materialien braucht man nicht lange zu suchen. Häufig sind die benötigten Stoffe und Utensilien bereits als Nebenprodukte anderer Aktivitäten schon vorhanden, und die Kinder brauchen nur noch ihre Fantasie spielen zu lassen, um die passende Kleidung zu der gewählten Rolle zu entwerfen.

Viele verschiedene Rollen kommen in Frage: Ritter, Polizist, Clown, Prinzessin, Monster und allerlei Tiere.

Beaucoup d'enfants aiment se costumer. Ils aiment se travestir en chevalier, en policier, en clown, en princesse, en monstre ou en toute sorte d'animaux.

Mögliche Kinderäußerungen:

>Je suis un chevalier.
>Je porte une robe rouge.
>J'ai une épée.
>J'ai un cheval.
>
>Je suis un clown.
>Mon visage est maquillé.
>Mon visage est blanc et rouge.
>Je porte un pantalon bleu.

5.10 Die Uhr – L'horloge (bricolée sur place)

Anhand einer großen, selbstgemachten Uhr können die Kinder ihre Zeitvorstellung entwickeln.

Jedes Kind zeichnet ein Symbol für ein bestimmtes Ereignis seines Tagesablaufs auf eine kleine Karte, die es dann an derjenigen Stelle auf die Uhr klebt, an der dieses Ereignis normalerweise stattfindet. Vormittag und Nachmittag sind auf der Uhr klar durch eine senkrechte Linie getrennt und in zwei verschiedenen Farben gehalten.

Le groupe discute le déroulement de la journée au jardin d'enfants. Puis on bricole une grande horloge en papier ou carton.

Chaque enfant reçoit une petite carte ronde sur laquelle il dessine par un symbole ou un dessin simplifié, un évènement de la journée. Aidé de l'adulte, il colle sa production sur l'horloge au moment où les étapes représentées ont lieu. La première carte sera celle de l'accueil le matin et suivra ensuite le reste de la journée.

L'horloge n'a qu'une seule aiguille qui sera bougée selon les moments de la journée. Une ligne verticale est tirée entre matin et après-midi; on veillera également à donner deux couleurs par cadrant. Par exemple, le matin se déroule sur fond blanc, l'après-midi sur fond jaune.

Cette horloge aide beaucoup les enfants à se repérer dans leur journée et à savoir quand on prend le petit-déjeuner, par exemple.

Grâce à cette horloge pour le repérage spatial, les enfants sont ainsi préparés en douceur à l'apprentissage de l'heure sur une «vraie» horloge.

6 Bilder und Karten | Images et cartes

So überzeugend und motivierend Realien (s.o. Kap. 5) auch eingesetzt werden können, so notwendig und auch wünschenswert erscheint es oft, sie durch visuelle Medien zu ergänzen. Abbildungen nicht unmittelbar verfügbarer Realien oder solche mit einem speziellen Fokus können Aspekte realer Gegenstände in den Vordergrund rücken, die für die sprachliche Schulung der Kinder besonders wichtig sind. Optische Kunstwerke können zu phantasievollem Sprachgebrauch anregen. Repräsentative Landkarten können die Kompetenz im Beschreiben fördern.

Um das sprachdidaktische Potenzial von Bildern und Karten effektiv zu nutzen, ist es wichtig, diese Medien mit Bedacht auszuwählen bzw. zu gestalten. Es kommt z. B. darauf an, auf den Bildern diejenigen Gegenstände und Situationen hervorzuheben, deren sprachliche Erfassung die Kinder erlernen sollen.

6.1 Bildkarten – Les imagiers

Zu den beliebtesten visuellen Medien zählen die Bildkarten. Dies sind schlichte Karten, auf denen ein einziger Gegenstand abgebildet ist und die zur Vermittlung des zur einfachen Kommunikation benötigten Vokabulars verwendet werden können.

Travailler avec les imagiers donne beaucoup de clarté et ordonne le vocabulaire. Les images très sobres – puisqu'un seul élément à la fois est représenté – permettent la précision dans l'acquisition du vocabulaire, aussi bien pour les enfants de langue maternelle que pour ceux de langue partenaire.

6.2 Fotos – Les photos prises

Gutes Bildmaterial ergibt sich aus den mannigfaltigen Fotos, die viele Erzieherinnen machen, wenn die Kinder mit eigenen Spielen und Übungen beschäftigt sind. Diese Fotos können der Dokumentation der Kindergartenarbeit dienen, aber auch, wenn sie den Kindern zu einem späteren Zeitpunkt vorgelegt werden, zur Erinnerung und Besprechung von gemeinsam Erlebtem. Dabei ist die Motivation der Kinder in der Regel hoch.

Au fil des jours, et si l'éducatrice arrive à se retirer régulièrement du groupe pour laisser aussi les relations naturelles s'établir entre les enfants, tissant ainsi les liens intimes du groupe, relations indispensables pour une socialisation saine, il pourra, à cette occasion, prendre des photos dans «le feu de l'action» pendant que les enfants joueront si intensément ensemble qu'ils ne s'apercevront pas de la prise de photo.

Grande surprise au moment de l'affichage des clichés dans le couloir où chacun va se reconnaître!

Ces moments fixés dans la spontanéité formeront la mémoire du groupe au fil de l'année. Pour la fête d'été, c'est pour tous un très grand plaisir que de repasser ces instants en revue. En même temps on remarque combien les enfants ont évolué pendant cette année passée ensemble.

6.3 Briefmarken – Les timbres-poste

Briefmarken sind ein vorzügliches Mittel, die «Welt da draußen» in die doch meist sehr kleine Welt des Kindergartens zu holen und über sie zu sprechen. Dabei lernen die Kinder das genaue Betrachten – evtl. mit Hilfe einer Lupe – und das Beschreiben konkreter Sachverhalte. Wird diese Beschreibung dann auch anderen Kinder der Gruppe vorgetragen, schult das außerdem die Fähigkeit im selbständigen Sprechen.

Le timbre-poste est un excellent moyen de pénétrer dans un monde miniature et plein d'horizons nouveaux. Il oblige l'enfant à se pencher sur le détail qui donne une information, il lui faut donc observer. Pour découvrir les détails, il peut apprendre **à se servir de la loupe**. Il va également se mettre **à parler devant le groupe** pour décrire ce qu'il voit et va ainsi formuler des phrases plus complexes dans le plaisir de la découverte pour le faire **partager** aux autres.

Il sera demandé aux enfants d'apporter des timbres de la maison. Ces derniers seront recueillis dans une boîte «spéciale».

Procédé:

Chaque enfant choisit un timbre qu'il va observer d'abord à l'œil nu et ensuite avec une loupe. L'éducatrice va lui demander à quoi la loupe sert et comment on l'utilise.

L'enfant maintenant observe minutieusement son timbre. L'accent sera mis sur les détails que révèle celle-ci.

Puis l'éducatrice demande à l'enfant de décrire son timbre. Si un autre enfant a un motif similaire, on peut former des groupes: personnages célèbres, bâtiments, faune, flore, régions, saisons.

Bilder und Karten

Pour le groupe qui a les personnages par exemple, on peut leur demander d'observer très exactement ceux-ci et de se demander pourquoi cet homme ou cette femme a l'honneur d'être sur un timbre poste.

Ensuite l'enfant va présenter son timbre devant le groupe. Pour les bâtiments, même idée. Pour la faune et la flore, l'enfant peut décrire ce qu'il voit et un autre enfant peut, simultanément, tenter de le dessiner grâce aux détails descriptifs.

On peut faire un collage: On peut coller tous les animaux dans un chat stylisé, les bâtiments sur la façade d'une maison etc. Un pan de mur «plein de timbre poste», c'est très joli et informatif.

6.4 Postkarten – Les cartes postales

Ähnlich wie die Briefmarken können auch Postkarten die Welt jenseits des Kindergartens in die Welt der Kinder hereinholen. Sie erweitern deren Horizont, indem sie ihnen die Augen öffnen für fremde Gegenden und Länder und das Verständnis für andere Welten anbahnen.

Sprachliche Schulung können die Kinder erfahren, wenn die Erzieherinnen mit ihnen die Auswahl, die Gestaltung und den Weg der Karten vom Sender zum Empfänger erörtern.

Tout comme pour les timbres-poste, les cartes postales seront apportées de la maison.

Matériel: une bonne cinquantaine de cartes.

Le matériel est à disposition sur la table. Les enfants viennent autour, regardent, observent, puis choisissent la carte qu'ils préfèrent. Celui qui souhaite prendre la parole va décrire sa carte et expliquer pourquoi il l'a choisie.

L'éducatrice va demander au groupe:

> Où achète-t-on une carte postale?
> Comment sait-on d'où elle vient? Comment parle-t-elle d'un endroit?
> Comment sait-on qu'il faut l'envoyer à Berlin plutôt qu'à Paris? Qui la transporte?
> Quand envoie-t-on une carte postale? Pourquoi?

Les enfants regardent sur une mappemonde d'où vient la carte et où est-elle arrivée. Même si l'éloignement peut paraître un peu abstrait, les enfants sont heureux d'entendre parler du pays d'où vient leur parent ou un ami.

6.5 Zuordnung – Multiple choice

Die Aufgabe der Kinder besteht darin, eine mündliche Äußerung einem von mehreren Bildern zuzuordnen. Dabei handelt es sich um eine klassische Multiple-Choice-Aufgabe mit den typischen vier Optionen, von denen eine richtig ist.

Cette activité consiste à associer une phrase orale avec une image choisie parmi plusieures. Il s'agit d'un exercice typique à choix multiple avec quatre options dont une est correcte.

Beispiel:

> Den Kindern wird ein Satz vorgesprochen:
> *Le chat est sous la chaise.*

Bilder und Karten

6.6 Bildserien – Séries d'images

Bildserien sind als didaktische Medien sehr beliebt, weil sie gegenüber den Einzelbildern den Vorteil haben, dass sie Abläufe darstellen können, z. B. den Tageslauf eines Kindes.

Les séries d'images sont très populaires parce qu'elles peuvent offrir des séquences logiques et illustrer les différentes étapes d'un procès.

Unser folgendes Beispiel enthält noch die weitere Aufgabe, dass die Kinder, bevor sie sich an die verbale Darstellung der Inhalte machen, die Bilder in die richtige Ordnung bringen müssen.

Quelle: McGraw-Hill, *The Preschool Calendar*

Dans l'exemple suivant, en plus, les enfants doivent ranger les images avant de commencer à les commenter.
    Oder: Je me réveille. Je vais aux toilettes. Je me brosse les dents. Je mets des habits propres. Je me peigne. Je déjeune.

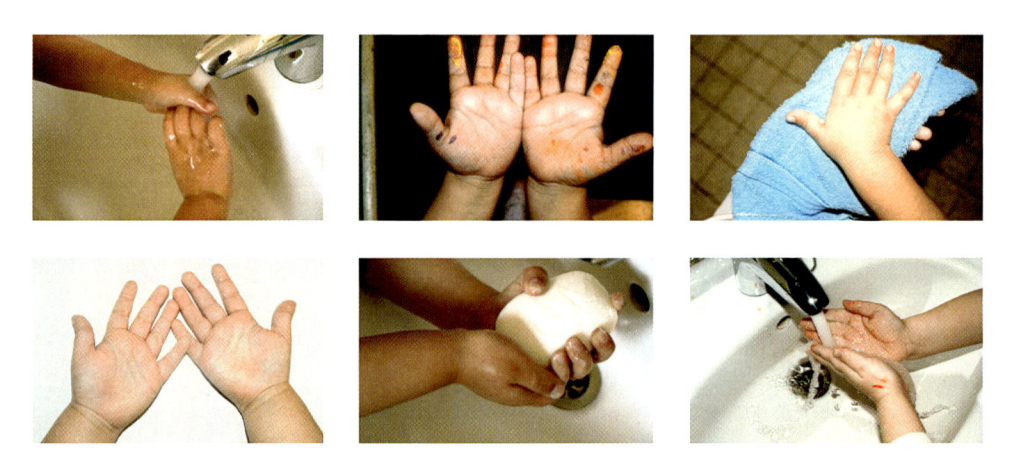

Quelle: Deutsch-Spanische Kindertagesstätte der AWO, Wolfsburg-Detmerode. Nach einer Idee von Cecilia Hausmann.

6.7 Figurotti

Die Figurotti gehören ursprünglich zu dem von D. Corcione und D. Martini entwickelten didaktischen Material eines Programms, das der Förderung logischen Denkens dient. Sie wurden für italienische Kinder im Vorschulalter und Schulanfänger entworfen.

Erzieherinnen in Berlin haben die Figurotti nun aber erfolgreich als Medien für die Sprachschulung eingesetzt. Sie haben herausgefunden, dass sich die unten abgebildeten Vorlagen gut zur Schulung des mündlichen Ausdrucks – hier: menschlicher Befindlichkeiten – eignen. Sie bieten sehr motivierende Sprechanlässe.

Les Figurotti viennent d'un programme italien pour le développement de la pensée logique. À Berlin, les éducatrices ont découvert qu'ils se prêtent aussi à la promotion de l'expression orale.

6.8 Kalender – Calendriers

Nach einer Idee von Bettina King. (Doyé & King 2010, 70)

Kalender bieten viele Möglichkeiten zur sprachlichen Förderung der Kinder.

Im Kindergarten sollten sie einen festen Platz an einer für alle gut erreichbaren Stelle des Raumes haben, wo sie täglich aktualisiert werden können.

Ein Kalender schafft die Gelegenheit, den Kindern die Wochentage, die Monate und auch die Jahreszahlen zu vermitteln. Außerdem bietet er reichlich Anlass, über die Jahreszeiten und das Wetter zu sprechen. Zum Beispiel können die Erzieherinnen mit ihrer Gruppe über Tage, an denen etwas Besonderes geschehen ist oder geschehen soll, wie den Besuch eines Zirkus und des Planetariums oder über Geburtstage und Feiern reden. Auch können sie über das Wetter und über angemessene Kleidung zu verschiedenen Jahreszeiten sprechen.

Les calendriers offrent des nombreuses possibilités pour développer l'expression orale. Au jardin d'enfants ils devraient occuper une place fixe à un endroit accessible à tous et être mis à jour quotidiennement. On peut y marquer les évènements spéciaux comme les anniversaires, les fêtes, les visites au zoo, les excursions.

Mögliche Anregungen:

>Quel jour sommes-nous aujourd'hui?
>En quel mois sommes-nous?
>Quel temps fait-il aujourd'hui?
>Qu'est-ce que vous mettez, quand il fait froid?

6.9 Spielkarten – Cartes à jouer

Kartenspiele sind auf der ganzen Welt beliebt, auch in Frankreich.
Sie eignen sich auch als didaktisches Material für die Erziehung im Kindergarten.

Les jeux de carte sont de longue date une des distractions préférées des Français en général.

Grâce à leur structure logique et leur impact visuel, les cartes à jouer sont aussi un bon medium pour l'éducation de jeunes enfants. Les cartes de 1 à 10 se prêtent à l'apprentissage des nombres; les cartes avec images peuvent éliciter des énoncés libres des enfants.

Les quatre Couleurs sont: CŒUR, CARREAU, PIQUE, TRÈFLE.

Exemples:

1. Mettre les cartes par ordre croissant
   5 (pique)   3 p   1 p   6 p   2 p   4 p
   Ou bien par ordre décroissant.
2. Rassembler les cartes de la même Couleur.

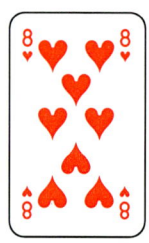

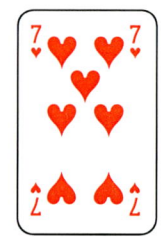

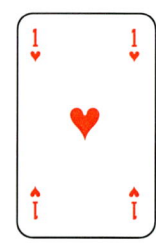

6.10 Schilder – Pancartes

Gegen Ende ihrer Zeit in der Vorschule sind etliche Kinder durchaus in der Lage und auch bereit für das Lesen einfacher Wörter. Eine für die Einführung gut geeignete Übung ist das Zuordnen von Wörtern zu Bildern, Symbolen bzw. denselben Wörtern in anderer Schriftart.

Vers la fin de l'ecole maternelle beaucoup d'enfants sont déjà prêts à apprendre à lire. On peut les aider en leur faisant associer des mots et des images.

Beispiel:
Die Kinder ordnen diese acht Wörter je einem der nachfolgenden Bilder, Symbole oder Schriftzüge zu.

1. Poste
2. Restaurant
3. Cirque
4. Police
5. Café
6. Presse
7. Musée
8. École
9. Hotel

7 Spiele | Jeux

Ein Charakteristikum des Sprachenlernens in vorschulischen Einrichtungen ist seine spielerische Form. Diese ist psychologisch gut begründet: Selten einmal ist die ›Passung‹ von Lerngegenstand und Disposition der Lernenden so gegeben wie hier. Zum einen bietet sich der Gegenstand ›Sprache‹ von seiner Struktur her geradezu dazu an, dass man sich ihn durch spielerische Aktivität aneignet. Zum anderen ist die Spielfreude der Kinder die beste Voraussetzung für eine solche Aneignung:
    So nehmen denn Spiele in der bilingualen Vorschulerziehung einen breiten Raum ein, und die folgende Zusammenstellung soll einige Beispiele für geeignete Realisationen dieses Genres bieten.

7.1 Stille Post – Le téléphone arabe

Es wird ein Kreis gebildet. Das erste Kind sagt seinem Nachbarn einen Satz ins Ohr. Dieser gibt das Gehörte seinem Nachbarn weiter usw. Das letzte Kind sagt in die Runde, was es verstanden hat. Ausgangssatz und Endsatz werden verglichen.

Les enfants sont asssis en cercle, le premier dit dans l'oreille de son voisin une phrase très simple, avec du vocabulaire connu par les enfants. Celui qui vient de l'entendre doit redire ce qu'il a entendu à son autre voisin, toujours à voix basse.

Remarque: Commencer à jouer en petits groupes afin que les enfants y soient familiarisés avec le jeu; ils pourront alors bien mieux attendre leur tour.

7.2 Mein rechter, rechter Platz ist leer – La place à côté de moi

Die Kinder sitzen im Kreis. Ein Stuhl ist frei und das Kind links davon beginnt mit den Worten: La place à côté de moi est libre. Léa, viens près de moi!
    Das Kind X setzt sich auf den freien Platz, und dasjenige Kind, das links von dem nun freigewordenen Platz sitzt, fährt mit den gleichen Worten und einem anderen Namen fort.

Les enfants sont assis en cercle. Une chaise est libre et l'enfant à gauche de cette place dit la phrase proposée. L'enfant adressé vient s'asseoir et libère ainsi sa chaise. L'enfant à gauche de cette chaise dit à son tour la phrase en s'adressant à un autre enfant.

Eine prosoziale Variante dieses Spiels besteht darin, dass die Kinder ihre Aufforderungen mit einer kleinen Sympathiebekundung verbinden. Etwa so:

>   Monique, j'aime ton pullover. Viens près de moi.
>   Jacques, j'aime bien tes yeux bleus. Viens prés de moi.

7.3 Der Orchesterdirigent – Le chef d'orchestre

Ein Kind ist der Dirigent und «spielt» mit entsprechenden Gesten den übrigen ein paar Takte auf einem Instrument vor. Diese – sein Orchester – imitieren ihn und «spielen» das gleiche Instrument nach.

Ein Kind verlässt vor jedem neuen Einsatz den Raum und darf nach seiner Rückkehr erraten, um welches Instrument es sich jeweils handelt.

Anspruchsvollere Variante:
Un volontaire sort. En son absence, les autres désignent l'un d'entre eux qui sera «le chef d'orchestre». Le volontaire revient au milieu du cercle. Sur un rythme aussi vif que possible, le chef d'orchestre imite les différents instruments. Les autres l'imitent, en essayant de ne pas le regarder directement. Les instruments doivent changer assez souvent et le volontaire doit trouver qui donne l'exemple des instruments.

7.4 Jakob hat gesagt – Jacques a dit

Ein Kind, hier Jacques genannt, gibt den anderen Anweisungen, die diese allerdings nur dann ausführen dürfen, wenn das Kind seiner Anordnung jeweils »Jacques a dit« vorausgeschickt hat.

Le meneur de jeu fait exécuter des gestes variés au groupe de joueurs:
  –«Jacques a dit: Levez la main droite / À genoux » etc.
  Si le meneur de jeu ne prononce pas: «Jacques a dit» mais dit seulement «Levez la main» les joueurs ne doivent pas réagir. Si l'un d'entre eux réagit, il a perdu mais peut continuer à jouer s'il se met sur à côté du groupe.

Remarque: Ce jeu est praticable avec tous les registres de vocabulaire.

7.5 Alle Vögel fliegen hoch – Pigeon vole

Der Spielleiter nennt verschiedene (den Kindern bekannte) Tiere, Gegenstände oder Personen und behauptet, dass sie fliegen können. Wenn dies stimmt, heben die Kinder beide Arme und stehen auf. Bei falschen Behauptungen reagieren sie nicht.

Le meneur de jeu va dire:
  –«pigeon vole, table vole, chaussure vole …»
  Chaque fois que le sujet est apte à voler, les joueurs doivent lever les bras et se lever eux-mêmes. Si un enfant se lève à: «crayon vole» il a perdu.

7.6 Kim-Spiele – Les jeux de Kim

Das Gemeinsame aller Kim-Spiele besteht darin, dass die Spieler etwas Beobachtetes, Gehörtes oder Gefühltes rekonstruieren müssen, das vorher dekonstruiert wurde. Diese Spiele schärfen die Sinne und trainieren das Gedächtnis.
  Die Herkunft der Bezeichnung «Kim» ist unsicher. Anglisten führen als Quelle das Akronym *Keep in mind* an.

Kim visuel: Quelques objets sont placés bien en vue devant les enfants puis recouverts: Aux enfants de reconstituer la liste des choses qu'ils viennent de voir.

Avant de commencer le jeu montrer les objets et demander aux enfants de les nommer pour être sûr qu'ils connaissent le vocabulaire. Sinon les enfants timides se trouveront dans une situation bien inconfortable qu'il est pourtant facile d'éviter.

Varianten:

Kim de l'ouïe: Les enfants sont assis en cercle et ferment les yeux. L'éducatrice fait des bruits que les enfants connaissent et ceux-ci doivent les reconnaître et les verbaliser (déchirer du papier, craquer une allumette, ouvrir la porte etc.).

Die Kinder sitzen im Kreis und schließen die Augen. Sie konzentrieren sich auf Geräusche, die sie hören (Tür öffnen, Papier zerreißen, Streichhölzer anzünden, Wasser laufen lassen, Gegenstände fallen lassen, Fenster öffnen).
  Auch Geräusche außerhalb des Raumes kommen in Frage.

Mögliche Fragen:

Qu'est-ce que vous entendez?
Devinez ce qui se passe!
De quels objets s'agit-il?
Welche Gegenstände sind dabei?

Kim de l'odorat: toujours les yeux fermés ou bandés, les enfants doivent identifier les odeurs (particulièrement agréable en été ou à l'automne avec tous les fruits, légumes et fleurs …).

Kim du goût: offrir des goûts doux afin de préparer les papilles, allant vers les plus marqués vers la fin. L'enfant, avec ses yeux bandés, fait totalement confiance à l'éducatrice qui veillera donc à lui proposer des goûts qu'il aime et gardera des goûts plus prononcès pour une autre série de kim.

7.7 Was ist anders? – Le détail change

Dies ist eine weitere Variante des gerade genannten *Kim visuel.*
    Ein Kind stellt sich in die Mitte des Kreises, und zwar so, dass alle übrigen es gut sehen können. Sodann verlässt es den Raum und verändert etwas an seiner Kleidung.
    Wenn es wieder den Gruppenraum betritt, müssen die anderen feststellen, was sich geändert hat.

Un enfant sort du cercle: tous les enfants l'observent (habillement, coiffure, bijoux, chaussures …). Puis il quitte la pièce pour aller changer un détail (manche retroussée, lacet défait etc.).
    Lorsqu'il revient, aux autres de trouver ce qu'il a changé!
    Celui qui trouve a le droit de sortir, après que les enfants l'ont bien sûr observé!
    Ce jeu facile pour les enfants même petit, est très apprécié.

7.8 Was Mama möchte – Maman, veux-tu?

Alle Kinder stehen auf der einen Seite des Raumes, bis auf eines: die Maman. Ihr stellen die anderen verschiedene Fragen. Je nach Antwort machen die Fragenden diverse Schritte nach vorn oder zurück. Wer zuerst die Ziellinie erreicht hat, hat gewonnen.

Chaque joueur pose, à tour de rôle, à la Maman, la question: «Maman, veux-tu?».
Si elle répond: «Non je ne veux pas», l'enfant ne peut pas bouger.
Par contre si elle répond: «Oui je veux bien», l'enfant va demander: «Combien?»

La Maman peut répondre:

1. un pas d'éléphant (un grand pas en avant)
2. un pas de fourmi (un petit pas en avant)
3. un pas de puce (un petit saut à pieds joints)
4. un pas de grenouille (un grand saut en avant)
5. un pas de crabe (un pas sur le côté)
6. un pas d'écrevisse (un pas en arrière)
7. un soleil (un tour complet sur place) etc.

Le premier joueur qui passe la ligne a gagné!

7.9 Die kleine Schwalbe – La petite hirondelle

Deux enfants se placent face à face et se tiennent les deux mains. Ils tendent les bras en l'air tout en se tenant les mains. En secret, ils se mettent d'accord sur un nom: par exemple «pomme» pour l'enfant de droite, et «abricot» pour celui de gauche.
Les autres enfants forment une farandole qui passe entre ces deux mêmes enfants en chantant:
–«Qu'est-ce qu'elle a donc fait la p'tite hirondelle?
Elle nous a volé trois p'tits sacs de blé!
Nous la rattraperons la p'tite hirondelle
Et nous lui donnerons trois p'tits coups d'bâton!
Passe passe passera,
La dernière la dernière, (bis)
La dernière restera.»
A ce moment là, les bras des deux enfants retombent sur l'enfant qui se trouve à être là et font ce dernier «prisonnier». Il doit alors choisir entre «pomme» ou «abricot» par exemple. Il va donc maintenant s'accrocher par les mains aux hanches de celui qui correspond au nom qu'il a choisit.
La ritournelle se poursuit et le chant dure jusqu'à ce qu'il n'y ait plus d'enfant. Le côté qui a le plus d'enfants a gagné.

Zwei Kinder stehen einander gegenüber und halten sich an den Händen (Girlande). Sie vereinbaren Kennwörter, z. B.: Das eine Kind wählt das Wort »pomme«, das andere das Wort »abricot«. Die übrigen Kinder promenieren unter der Girlande durch und singen dabei das Lied von der kleinen Schwalbe. Wenn das Lied zu Ende ist, packen die beiden »Girlandenkinder« das Kind, das sich gerade zwischen ihnen befindet, und setzen es gefangen; aber es hat die Wahl zwischen »pomme« und »abricot« und schlägt sich auf die eine oder die andere Seite.

7.10 Ordnung muss sein – Jeu d'ordre

Die Kinder versammeln sich um einen Spielleiter. Auf dessen Befehl hin stellen sie sich in einer bestimmten Ordnung auf: der Größe nach, in der alphabetischen Reihenfolge ihrer Vornamen, dem Alter nach, der Farbe ihrer Haare/Augen nach, in Zweier- oder Dreiergruppen usw.

> Les enfants sont rassemblés autour du meneur de jeu.
> A son commandement, les enfants se rangent suivant un certain ordre.
>
> 1. par ordre de grandeur
> 2. par ordre alphabétique des prénoms / des noms de famille
> 3. par âge
> 4. par couleur de cheveux / d'yeux …
> 5. par deux, par trois …

Le meneur de jeu dit: «par 2»; les joueurs doivent rapidement se mettre deux par deux, puis marchent ainsi sur le terrain.
On peut faire la même chose par trois etc.

Remarque: Il est important de respecter la progression dans la difficulté et de commencer par l'ordre le plus évident.
On peut aussi préparer les enfants en ayant au préalable, nommés les noms et donc les lettres, les âges, les couleurs d'yeux etc.

7.11 Die Zirkuspferde – Les chevaux du cirque

Die Kinder stellen sich in einer Ecke des Raumes auf. Sie spielen Zirkuspferde und warten darauf, dass der Zirkusdirektor sie in die Manege ruft. Dann begeben sie sich auf die Piste und bewegen sich nach den Kommandos des Direktors im Kreis: Sie gehen im Schritt oder Trab oder galoppieren. Das Spiel dient der Konzentration und der Übung im Hörverstehen.

Tous les enfants sont dans un coin de la salle. Le moniteur raconte une histoire de chevaux de cirque qui attendent à l'écurie le moment d'entrer en piste. Ils bougent librement.

Puis, Monsieur Laval (le directeur du cirque) conduit les petits chevaux sur la piste. C'est le prétexte à faire des mouvements différents et de promouvoir la concentration et la compréhension.

Sur un geste (claquer des doigts) ils marchent, ils trottent, galopent l'un derrière l'autre. Ils tournent aussi sur eux-mêmes, tout en restant sur la ligne, dansent, saluent.

Selon l'âge, il peut y avoir des évolutions plus difficiles, par deux, par trois, des changements de direction, des diagonales, des pas de côtés, des marches en cercle dans un sens, dans un autre etc.

Toute la motivation vient du moniteur: à lui de raconter une histoire captivant. Naturellement on peut raccourcir ou allonger l'histoire selon les réactions des enfants …

7.12 Telefonieren – Téléphoner

Nach einer Idee von Angela Manazza und Francesca Posillico. (Doyé, Manazza & Posillico 2011, 87)

Die Erzieherin fordert die Kinder auf, ihre Telefonnummern in die Kästchen im unteren Teil der Grafik einzutragen (Vorher zu Hause erkundigen). Sodann ruft sie anhand einer eigenen Liste die einzelnen Nummern auf. Das jeweils »angerufene« Kind meldet sich – wie in Frankreich üblich – mit »Allô?« oder »Oui?«.

Kinder, die die Zahlen schon gut beherrschen,

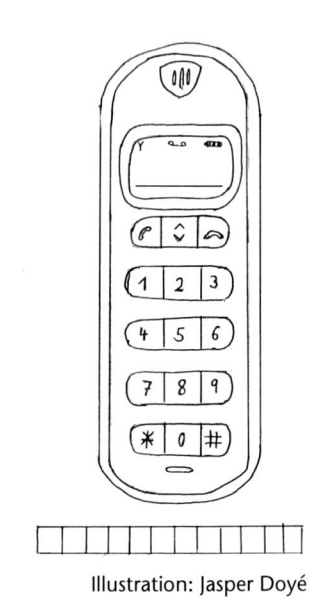

Illustration: Jasper Doyé

können darüber hinaus ihre Freunde nach deren Telefonnummer fragen und diese dann in die Spalte oben auf dem Gerät eintragen.

L'éducatrice demande aux enfants d'écrire leur numéro de téléphone dans la case en bas. Puis elle appelle les numéros des enfants, l'un après l'autre. Chaque enfant appelé répond en disant »Allô ?« ou »Oui ?«.

8 Sprachübungen | Défis linguistiques

So altersgemäß und von der Sache her »passend« Spiele in der bilingualen Vorschulerziehung auch sein mögen, sie sollten nicht die einzige Lernart bleiben; denn die meisten Kinder diesen Alters sind sehr wohl bereit, sich die Sprache auch durch intensives Bemühen anzueignen, und viele von ihnen wünschen es sich auch. Genauere Beobachtungen ihres Lernverhaltens haben dies bewiesen (WOB 2009). Daher sollten die Phasen des spielerischen Lernens immer wieder durch solche ergänzt werden, in denen die Kinder die Gelegenheit erhalten, Elemente der fremden Sprache durch gezielte Anstrengung aufzunehmen, das heißt durch Sprachübungen im engeren Sinne, wie sie auch auf späteren Stufen des Lernens üblich sind. Einige solcher Übungen werden im Folgenden vorgestellt.

8.1 Phonetische Übung – Exercice phonétique

Diese Übung dient der korrekten Aussprache der französischen Vokale.

> La tâche dans cet exercice est double.
> 1 – Les enfants doivent reconnaître les voyelles /a/, /e/, /i/, /o/, /u/, /y/, /ø/.
> 2 – Ils doivent les prononcer.
> (Vgl. 2.19)
> Pour la première tâche ils peuvent réagir selon une consigne préalablement donnée (taper des mains, se lever, s'asseoir etc.) ou ils peuvent collectionner des mots qui contiennent ces voyelles.
> Abricot, abeille, bataille,
> Ecole, église, porter,
> Ile, image, servir,
> Olive, ôter, cerceau,
> Oublier, ouvrir, mouton,
> Unique, allumer, lutter,
> Heureux, monsieur, deux.
> Pour la seconde tâche les enfants peuvent simplement imiter les voyelles prononcées par la maîtresse ou bien ils peuvent former des phrases qui contiennent ces voyelles
>
> Elle a lavé le drap.
> Il boit du thé ou du café.
> Elle est assise sur le tapis.

Il dit trop de gros mots.
Il souffle dans le trou.
Elle épluche les légumes.

8.2 Zahlen und Zählen – Nombres et numération

Den meisten Kindern macht der Umgang mit Zahlen Spaß. Dennoch muss ein solcher Umgang von Zeit zu Zeit geübt werden (vgl 5.8).
Die einfachste Übung ist das Zählen in bestimmten Zahlenräumen.

Le plus simple exercice consiste à demander aux enfants de dire une certaine série de nombres.

Par exemple:

Comptez de 10 à 20! Comptez de 15 à 25, s'il vous plaît!
Ou bien en décroissant: Compter de 20 à 10.

Eine andere Übung besteht darin, dass die Erzieherin eine Zahl vorgibt und die Kinder die Zahl davor oder danach nennen.

Une autre possibilité consiste à nommer un nombre auquel les enfants répondent en nommant le nombre précédent ou le suivant.

Hilfreich für das Erfassen von Zahlen sind Würfel. Sie eröffnen die Möglichkeit zu vielfacher Aktivität:

Le dé présente l'avantage de rendre l'enfant actif: Il va le lancer, il va compter les points sur le dé, il va se lever et compter le nombre d'enfants qui correspond aux points pour décider quel enfant va avoir le droit de jouer maintenant.

8.3 Mengen erfassen – Transvasion

Ebenso wichtig wie das Verständnis von Zahlen ist Erfassen von Mengen und deren sprachlicher Formulierung. Dafür können die exercices de transvasion nützlich sein. Darunter versteht man im Französischen: exercer à tranvaser des quantités d'un récipient (par exemple: une vase) à un autre.

Il faut mettre à disposition aussi longtemps que les enfants en ont besoin des récipients différents (en plastique pour éviter tout incident), sur un plateau et les laisser transvaser de petits gobelet au grand pichet, afin qu'ils intègrent sans s'en rendre compte, les notions de «plus petit que, rempli/ vide/ à demi-plein…». (Vgl. 5.8)

8.4 Gegenstände identifizieren – Identification

Nach einer Idee von Bettina King. (Doyé & King 2010, 84)

Das Material: Neun unterschiedlich große Spielzeugtiere (z. B. Schweine) in drei verschiedenen Farben; also ein großes rotes, ein mittleres rotes, ein kleines rotes; ein großes blaues etc.

Le matériel: Neuf jouets représentant un animal en trois couleurs et trois tailles différentes (voir le dessin).

Die neun Schweine werden, sortiert nach Größe und Farbe, in Dreierreihen in die Mitte eines Stuhlkreises platziert. Also:

Illustration: Jasper Doyé

Zunächst nennt die Erzieherin einzelne Tiere, und die Kinder müssen diese identifizieren. Sodann zeigt die Erzieherin auf einzelne Tiere, und die Kinder beschreiben diese.

Voilà un cochon rouge. Je vois un petit cochon jaune.
Voici un grand cochon bleu.

Sodann schaut ein Kind weg, und ein anderes entnimmt eines der Tiere. Das erste Kind muss nun herausfinden, welches Schwein fehlt.

Mögliche Kinderäußerungen:

Le grand cochon bleu.
Il manque le grand cochon rouge.

Zur Steigerung der Schwierigkeit kann man die Zahl der Farben erhöhen oder jeweils zwei Tiere herausnehmen.

On peut augmenter la difficulté en prenant davantage de couleurs ou bien en retirant deux animaux.

8.5 Eine Landschaft »konstruieren« – »Construire« un paysage

Die Erzieherin vermittelt den Kindern die Zahlen von 1 bis 8 und die Buchstaben von A bis H oder – falls schon gelernt – wiederholt diese. Dann lehrt sie die Farben bleu, rouge, vert und brun und erklärt, dass man mit diesen Farben die Skizze einer eigenen Landschaft herstellen kann.

»Rouge« steht für Häuser.
»Bleu« steht für Gewässer.
»Vert« steht für Wiesen und Wälder.
»Brun« steht für Wege und Straßen.

Die Grundlage bildet das unten stehende Raster:

L'éducatrice apprend aux enfants les nombres de 1 à 8 et les lettres de A à H, puis les couleurs bleu, rouge, vert et brun. Elle explique qu'avec ces couleurs on peut »construire« un paysage avec maisons, eaux, bois et chemins. La trame de l'exercice est la grille ci-dessus:

	A	B	C	D	E	F	G	H
1								
2								
3								
4								
5								
6								
7								
8								

Die Erzieherin nennt nun eine Zahlen-Buchstaben-Kombination mit einer Farbe, die in das entsprechende Kästchen einzutragen ist, z. B. 2/C/brun und malt das Kästchen entsprechend aus.
  Sodann übernehmen die Kinder.

Die Übung hat sich als sehr phantasie- und kreativitätsfördernd und hervorragend als Medium für motiviertes, weil sinnträchtiges Sprachenlernen erwiesen.
  Für die Kinder ist wichtig, dass sie sich eine eigene Landschaft »bauen«.
  Hier wird eine zentrale These des Konstruktivismus in die Tat umgesetzt.

8.6 Formen und Farben – Formes et couleurs

Nach einer Idee von Bettina King. (Doyé & King 2010, 66)

Formen und Farben spielen in der vorschulischen Erziehung eine große Rolle. Sie sind sowohl mathematisch wie ästhetisch bedeutsam.
  In den bilingualen Einrichtungen können die Erzieherinnen – getreu dem situativen Ansatz – den Kindern anhand von auffälligen Gegenständen aus ihrer Umwelt die französischen Bezeichnungen für die wichtigsten geometrischen Formen vermitteln:

  Cercle, triangle, carré, rectangle, demi-cercle.
  Kreis, Dreieck, Quadrat, Rechteck, Halbkreis.

Die Kinder stellen Vergleiche zwischen verschiedenen Gegenständen an und versuchen die gelernten Formen und Farben in möglichst vielen Objekten ihrer Umwelt wiederzuerkennen.

Les manières dont les objets sont présentés jouent un grand rôle didactique. Elles sont importantes tant du point de vue mathématique qu'esthétique. Les éducatrices peuvent introduire les formes géometriques et les couleurs principales à l'aide des objets de l'entourage immédiat.

8.7 Umformungen – Transformations

Den Kindern werden jeweils zwei Bilder vorgelegt. Zu dem ersten Bild äußert die Erzieherin einen Satz. Einen entsprechenden, und zwar inhaltlich zutreffenden Satz zu dem zweiten Bild müssen die Kinder nun selbst formulieren.

On montre deux images aux enfants. Par rapport à la première image l'èducatrice dit une phrase-modèle que les enfants doivent suivre pour formuler une phrase qui exprime le contenu de la deuxième.

Beispiele:

Les oiseaux sont sous l'arbre    (L'oiseau est sous l'arbre.)

Le garçon aime le gâteau.    (Le garçon n'aime pas le gâteau.)

8.8 Echoübungen – Échos

Die Erzieherin spricht den Kindern einzelne Wörter vor, von denen sie weiß, dass sie ihnen Schwierigkeiten bereiten. Sie versieht die Wörter mit ganz unterschiedlichem Ausdruck: laut, leise, böse, fröhlich, zurückhaltend, langsam, bedächtig, hastig usw. Wo möglich, begleitet sie ihre Äußerungen mit Gesten.

L'educatrice dit des mots que les enfants trouvent difficiles à prononcer. Elle les prononce à voix haute, à voix basse, comme si était en colère ou joyeuse etc.

Les enfants doivent imiter la prononciation de l'éducatrice et son intonation.

8.9 Zungenbrecher – Virelangues

Zungenbrecher sind Wortfolgen, die aufgrund ihrer gewollten Häufung ähnlicher Laute schwer auszusprechen sind. Sie sind didaktisch auch zur Förderung der Aussprache bei Vorschulkindern nutzbar.

Les virelangues peuvent contribuer à l'amélioration de la prononciation des enfants.

Un bon chasseur sait chasser sans son chien.
Ton thé t'a-t-il ôté ta toux?
Les chaussettes de la duchesse sont sèches.

Bonjour, Madame Sans-souci
Combien ces saucissons-ci?
Ces six saucissons-ci?
Six sous. Madame Sans-souci?
C'est bien cher, Madame Sans-souci.

8.10 Wortschatz Gefühle – Le vocabulaire des sentiments

Diese Aktivität dient dazu, den Kindern zu helfen, sich über ihre Gefühle zu äußern, was ihnen oft schwerfällt. Auf dem Umweg über stilisierte Karten, auf denen häufig vorkommende Gefühle symbolisch dargestellt sind, werden die Kinder ermutigt und veranlasst, über Dinge zu reden, die sie bewegen, und sich dadurch zu entlasten. Behutsam geführte Diskussionen können dabei erfahrungsgemäß sehr hilfreich sein.

Pour cette activité on confectionne de petites cartes symbolisant les sentiments par un dessin d'enfant stylisé (enfant heureux, enfant pensif etc.). Ainsi quand un enfant arrive triste le matin, après l'avoir consolé et verbalisé ce qui l'émeut, après lui avoir changé les idées, on peut, en grand groupe à un autre moment de la journée, si l'occasion se représente, reparler ensemble de la tristesse. Que provoque la tristesse en soi et comment vivre avec elle, comment l'apprivoiser? Proposer à l'enfant de venir vers l'adulte pour chercher refuge bien sûr, mais aussi lui suggérer de prendre ses crayons préférés et dessiner ce qui lui passe par la tête et/ou le cœur à ce moment-là.

En grand groupe, l'adulte fait choisir quelques unes des cartes aux petits, déposées au milieu des enfants et après avoir mimé le sentiment, ils peuvent raconter à tour de rôle, quand, eux aussi, ils ont vécu un sentiment pareil et ce qu'ils ont ressenti.

8.11 Tätigkeiten im Alltag – Actions de la vie quotidiennne

Bei dieser Aktivität steht der sprachliche Zugewinn im Vordergrund. Wie bei der vorigen Übung dienen stilisierte Karten als Medium, diesmal aber vornehmlich zu dem Zweck, den mündlichen Ausdruck der Kinder zu fördern. Die folgende Liste enthält die in Frage kommenden Verben.

Confectionnez de petites cartes avec les différents verbes.
Toujours avec l'idée des cartes, représenter les verbes sous forme de dessins stylisés. La liste n'est pas exhaustive, mais elle contient les verbes les plus importants.

Acheter, allumer, attacher, avoir, bailler, boire, boutonner, brosser, chanter, chuchoter, colorier, coller, cuisiner, comprendre, construire, couper, courir couvrir, cuire, crier, déjeuner, démolir, descendre, dîner, dire, donner, dormir, écrire, entendre, entrer, essuyer, faire silence, fermer, fêter, finir, glisser, gratter, goûter, griffer, grimper, habiter, jeter, jouer, lâcher, lancer, laver, lire, manger, mettre, monter, mordre, offrir, ôter, parler, partir, passer, payer, peindre, peser, placer, pleuvoir, plier, porter, prendre, prêter, ranger, rapporter, rendre, rire, rougir, s'asseoir, salir, saluer, sauter, savoir, se coucher, s'habiller, se déshabiller, sentir, se taire, sortir, sourire, suivre, tenir, tomber, venir, voir, vouloir.

Ces verbes peuvent être à mimer, à reconnaître, à être nommés ... A vous de jouer!

8.12 Gegenstände des Alltags – Objets de la vie quotidienne

Wiederum dienen stilisierte Karten als Medium, die diesmal aber nach Sachgebieten geordnete Gegenstände abbilden, deren Namen die Kinder zu lernen haben.
Gut eignen sich um Substantive zur Bezeichnung von Lebensmitteln, Möbeln, Landschaften, Körperteilen, Lebensabschnitten.

L'idée de jeux de cartes à thèmes est multipliable à l'infini selon le sujet du moment. C'est aussi un bon moyen pour récapituler le vocabulaire d'un sujet déjà vu.

9 Rätsel I Devinettes

Rätsel eignen sich deshalb zur sprachlichen Schulung im Kindergarten, weil sie zur Konzentration auffordern und sowohl das Hörverstehen wie das motivierte, selbstständige Fragen fördern.

9.1 Ich sehe was, was du nicht siehst – Devine ce que je vois

Gegenstände, deren deutsche Bezeichnungen die Kinder kennen, werden in die Mitte des Kreises gelegt. Die Erzieherin beschreibt den Gegenstand, und die Kinder müssen durch Fragen herausfinden, worum es sich handelt. Nach einiger Übung übernehmen einzelne Kinder die Aufgabe des Beschreibens.

Les devinettes sont un bon outil pour l'acquisition d'une langue partenaire. Ils demandent beaucoup de concentration et aident à la compréhension et la production de questions.

Beispielfragen:

> Cet objet, est-il grand/petit?
> Est-il ici dans notre salle?
> Est-ce qu'il appartient à un enfant?

Auf höherem Niveau können die Kinder auch Gegenstände erraten, die nicht präsent sind.

Beispiele:

> Cet objet est haut et a beaucoup de feuilles.
> Cet animal est grand et a une trompe.
> Cet animal est gris et fait hihan.
> Ce fruit est jaune et a un goût doux.

9.2 Berufe raten – Devinez mon métier

Jedes Kind denkt sich einen Beruf aus, dessen deutsche Bezeichnung es kennt; Sodann spielen alle Kinder einzeln und nacheinander ihre Berufe den übrigen vor, indem sie typische Handlungen oder Bewegungen ausführen. Die anderen Kinder erraten, um welche Berufe es sich jeweils handelt, und benennen diese.

Chaque enfant choisit un métier dont il connaît le nom en français. Puis il joue ce métier devant ses camarades en faisant des activités et des gestes typiques. Les autres enfants doivent deviner de quel métier il s'agit.

Beispiele:

Rennfahrer, Polizist, Lehrer, Verkäufer, Maurer, Postbote.
Coureur, agent de police, professeur, vendeur, maçon, facteur.

9.3 Zusammenfügen – Assembler

Den Kindern werden Bilder von halben Gegenständen vorgelegt, und sie fügen die jeweils zueinander passenden Hälften zusammen, sodass komplette Bilder entstehen. Sodann benennen sie die Gegenstände und – wenn sie mögen – malen sie sie farbig aus.

Les enfants regardent les images de fruits coupés en deux et rassemblent les deux moitiés correspondantes. Ils désignent tous les objets et les colorient s'ils en ont envie.

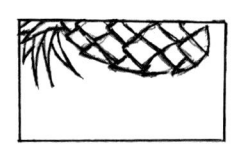

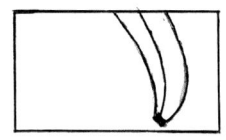

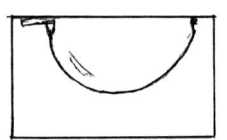

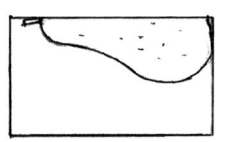

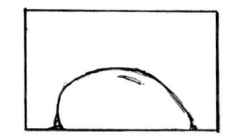

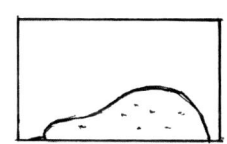

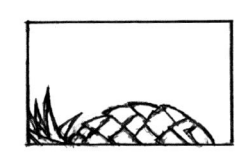

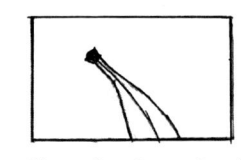

Illustration: Jasper Doyé

9.4 Was passt nicht? – Trouver l'intrus

Den Kindern werden Bilder (am besten vier) von bekannten Gegenständen gezeigt. Eins ist dabei, das nicht zu den anderen passt, entweder, weil es zu einem anderen Sachgebiet gehört, eine andere Farbe hat oder sich sonstwie von den übrigen unterscheidet. Die Kinder müssen herausfimden, welches der Bilder nicht passt. Das Rätsel eignet sich auch zur Wahrnehmungsschulung.

Les enfants regardent les images d'objets qui appartiennent à une catégorie spécifique – sauf un. Ils doivent identifier cet objet et dire pourquoi il ne fait pas partie du groupe.

9.5 Wer bin ich? – Qui suis-je?

Die Erzieherin heftet jedem Kind das Bild eines Tieres auf die Stirn, ohne dass das Kind weiß, um welches Tier es sich handelt. Dies muss es nun durch Fragen an die anderen Kinder herausfinden.

L'éducatrice pose l'image d'un animal sur le front de chaque enfant sans que l'enfant sache de quel animal il s'agit. La tâche est de dècouvrir quel animal on représente en posant des questions aux autres enfants.

Mögliche Fragen:

> Je suis grand/petit?
> Je peux voler?
> Je suis un animal domestique?
> Je suis sauvage?
> Je suis un chat?

9.6 Richtig oder falsch? – Vrai ou faux?

Den Kindern werden Sätze vorgesprochen, und sie müssen entscheiden, ob deren Inhalt richtig oder falsch ist.

Beispiele:

> La lune est en verre.
> Le soleil brille la nuit.
> Dans notre groupe il y a des garçons et des filles.
> Nous devrions manger six fois par jour.
> Nous devrions prendre un petit déjeuner chaque matin.

9.7 Fragen beantworten – Répondre aux questions

Sachfragen wie die folgenden sind keine Rätsel im engeren Sinne; sie erfordern Wissen und kein Raten. Aber als Fortführung der vorigen Rätsel (9.6) sind sie auch im Kindergarten durchaus am Platze. Allerdings müssen sie (selbstverständlich) altersgemäß sein.

Pour faciliter la recherche d'une devinette, nous avons choisi de faire une liste suivant les saisons. Ces devinettes, paraissant simples pour les enfants de langue maternelle, le sont moins pour les enfants de langue partenaire qu'il faudra sans doute aider avec des images et des gestes pour la compréhension.

Suivons le calendrier:

> Janvier : 1. Que fait-on le 1er janvier?
>
> Février: 2. Où le soleil se lève-t-il?
>
> Mars: 3. Quelle saison va commencer ce mois-ci?
>
> Avril: 4. Qui laisse tomber, dit-on, les et œufs de Pâques dans les jardins?
>
> Mai: 5. Donne le nom d'un ou plusieurs légumes qui poussent en mai?
>
> Juin: 6. A quel moment doit-on arroser le jardin?
>
>> a. le matin
>> b. le midi
>> c. le soir

Juillet: 7. Que fête-t-on le 14 juillet?

Août : 8. Quelle est l'heure la plus chaude en été?

Septembre: 9. Quelle boisson fabrique-t-on avec les pommes?

Octobre: 10. Pourquoi les feuilles des arbres ne restent-elles pas vertes à l'automne?

Novembre: 11. Elle vit sous terre et ne voit pas très bien. Qui est-ce?

Décembre: 12. Qui, dit-on, vient apporter les cadeaux dans la nuit du 24 au 25 décembre par la cheminée?

9.8 Vergleichen – Comparaisons

Den Kindern werden zwei Bilder vorgelegt, und sie werden aufgefordert herauszufinden, worin sich die beiden Bilder unterscheiden. Sodann müssen sie die entdeckten Unterschiede in Worte fassen.

Les enfants regardent deux images différentes et doivent trouver les différences.

Mögliche Äußerungen der Kinder bezüglich des folgenden Bildpaares:

Dans la deuxième image il y a une banane.
Le fromage n'a pas de trous.
Le soleil n'a pas de visage. Il ne sourit pas.
Il n'y a pas de haricots dans le panier.

Illustration: Jasper Doyé

9.9 Übereinstimmungen entdecken – Trouver des objets égaux

Die Kinder müssen herausfinden, welche der Bilder einer Reihe sich gleichen und welche sich von den anderen unterscheiden.

Les enfants doivent identifier les objets qui correspondent ou ne correspondent pas à un objet donné.

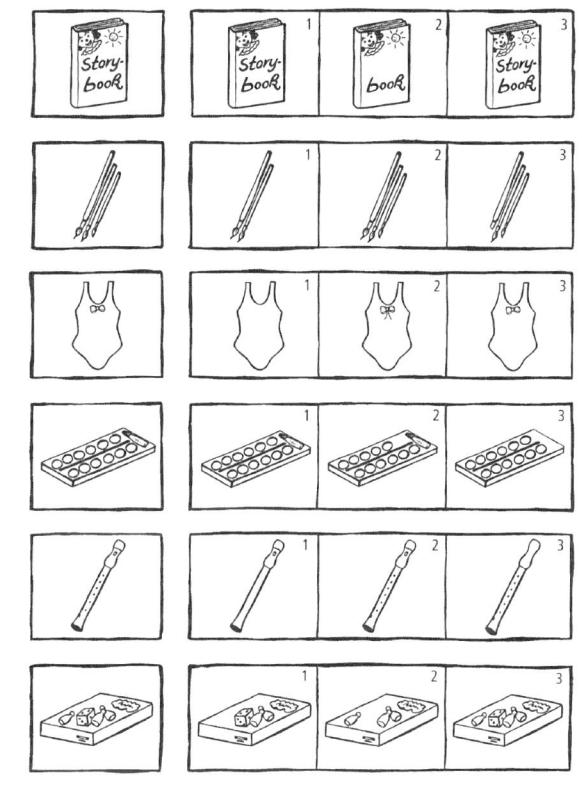

Quelle: Wagner: *English with Maggie and Mike*, Activity Book 4, 25.

9.10 Gegenstände ertasten – Reconnaître les objets

In einem Sack befinden sich verschiedene Gegenstände, die den Kindern bekannt sind. Ein Kind nimmt bei geschlossenen Augen einen Gegenstand heraus. Durch Tasten muss es herausfinden, worum es sich handelt.

10 Rezepte | Recettes

Küchenrezepte eignen sich zur Verwendung in der bilingualen Vorschulerziehung aus zwei Gründen: Zum einen ist das Zubereiten von Gerichten ohnehin ein wichtiges Thema der Kindergartenarbeit. Zum anderen bietet die Vielfalt der dabei anfallenden Aktivitäten eine Menge Möglichkeiten sprachlicher Schulung. Es macht Spaß, die Zubereitung von Speisen gemeinsam zu planen, Zutaten einzukaufen, die Gerichte herzustellen und sie schließlich gemeinsam zu verzehren.

Hierbei werden alltägliche Utensilien wie Besteck (couteaux, fourchettes etc.) und Lebensmittel aller Art nicht nur erklärt, sondern sind fester Bestandteil immer wiederkehrenden Sprachgebrauchs. Es ist ratsam, mit den Kindern zusammen eine (evtl. gemalte) Einkaufsliste anzufertigen und anhand dieser Liste die Zutaten einzukaufen. Entsprechend kann man auch bei der Zubereitung der Gerichte verfahren.

Bevor man an die Herstellung der Speisen geht, empfiehlt es sich, einige Regeln aufzustellen und zu besprechen:

> Se laver les mains et mettre un tablier.
> Disposer les ingrédients sur la table.
> Peser les ingrédients sur une balance.
> Utiliser un verre gradué pour mesurer les ingrédients.
> Mélanger tout avec un mélangeur.
> Faire attention en utilisant les couteaux.
> Ne pas toucher le four pendant la cuisson.

Das Ziel bei der Beschäftigung mit Rezepten ist, dass die Kinder

1. die Rezepte verstehen,
2. die Zutaten und die Gerichte benennen können,
3. Fragen zu den Handhabungen beantworten können und
4. sich – im Optimalfall – selbstständig zu verschiedenen Aspekten der Rezepte äußern.

Cuisiner avec les enfants, c'est partager, à travers une activité un peu «extraordinaire» des tas de connaissances et beaucoup d'apprentissages. En épluchant, les enfants pourront exercer la dextérité des poignets et affiner leur motricité fine; le défilé des ingrédients va être source de vocabulaire nouveau donc d'acquisitions; peser fait entrer l'enfant dans le monde des mathématiques etc.

La vie de groupe montre à l'enfant que «ça ne peut pas toujours être son tour» mais parallèlement, le motive suffisamment pour qu'il veuille faire quelque chose de «très bon» afin de régaler tous les copains. Et si les enfants sont assez grands pour mener le projet à bien (les 5/6 ans) vous pouvez même «ouvrir un restaurant» pour les parents, oncles et tantes, grands-pères et grands-mères… qui se montrent si indulgents et tellement bon public! Vous obtiendrez alors des sourires rayonnants, toutes générations confondues! Vous pouvez aussi mettre en place un atelier confitures/gâteaux afin de financer des frais qui ne seraient pris en charge ni par la caisse du groupe ni par celle du jardin d'enfants.

Toutes les recettes qui suivent sont typiquement françaises, elles ont déjà été préalablement pratiquées avec des groupes d'enfants à partir de quatre ans.

10.1 Die Struktur von Rezepten – La structure des recettes

Zur Vorbereitung auf den Einsatz von Rezepten empfiehlt es sich, den Kindern über die gerade genannten Regeln hinaus auch die Struktur von Rezepten klarzumachen. Diese weisen stets die folgenden vier Komponenten auf:

Zutaten/Bestandteile – Ingrédients: Ce dont nous avons besoin
Mengenangaben – Quantités: De combien nous avons besoin
Küchengeräte – Ustensiles: Ce que nous utilisons
Zubereitung – Préparation: Comment nous procédons

Die Zutaten und die Mengenangaben ergeben sich aus jeweils aus den einzelnen Rezepten. Die Küchengeräte dagegen wiederholen sich. Die wichtigsten unter ihnen sind:

couteau / Messer
fourchette / Gabel
cuillère / Löffel
cuillère à soupe / Esslöffel (wörtl. Suppenlöffel)
cuillère à café / Teelöffel (wörtl. Kaffeelöffel)
louche / Suppenkelle
plat/assiette / Teller
poêle / Pfanne
tire-bouchons / Korkenzieher
ouvre-boîtes / Dosenöffner

balance / Waage
tamis / Sieb
râpe / Raspel
casserole / Kochtopf
verre gradué / Messbecher

10.2 La galette des Rois

Pour 8 pers. Prép: 1 h. (car les préparations ont besoin de plusieurs passages au frigo)
Cuisson: 20min.

Zutaten – Ingrédients:	2 disques de pâte feuilletée pur beurre	2 Blätterteigscheiben
	120 g d'amandes en poudre	120 g gemahlene Mandeln
	80 g de beurre	80 g Butter
	3 œufs + 1 jaune	3 Eier + 1 Eigelb
	90 g de sucre en poudre	90 g Puderzucker
	1 sachet de sucre vanillé	1 pk Vanillezucker

Préparation: Etaler le premier rond de pâte feuilletée. Le poser sur un papier sulfurisé, sur une plaque, et la placer au frigo.
Faire fondre le beurre, y ajouter le sucre en poudre et le sucre vanillé, puis mélanger jusqu'à obtenir une pâte un peu mousseuse. Y ajouter alors la poudre d'amandes et les 2 œufs. Placer au frigo 10 min.
Etaler la crème sur le premier rond de pâte en laissant une marge de 2 cm tout autour des bords. Poser la fève dessus.
Mouiller le pourtour. Poser la deuxième pâte feuilletée dessus et presser les bords pour les souder ensemble.
Badigeonner avec l'œuf dilué dans très peu d'eau.
Mettre au moins 15 min au froid.
Pendant ce temps, préchauffer le four à 210° (thermostat 7).
Enfourner 20 min.

Zubereitung: Die erste Teigschicht auf einem mit Backpapier belegten Backblech ausrollen und in den Kühlschrank stellen.
Die Butter schmelzen, den Puderzucker und den Vanillezucker hinzugeben, dann das Ganze mischen, bis ein kremiger Teig entsteht. Die gemahlenen Mandeln und die 2 Eier hinzufügen. Für 10 min in den Kühlschrank stellen.

Die kremige Masse auf der ersten Teigschicht verteilen; dabei einen Rand von 2 cm lassen.
Die Randfläche befeuchten. Die zweite Teigschicht auflegen und den Rand anheben, um die Schichten zu verbinden.
15 min kalt stellen. Inzwischen den Backofen vorheizen. 20 min backen.

Commentaire: La Fête de l'Epiphanie est fêtée en Europe le premier dimanche après le premier janvier en souvenir des trois Rois-Mages : Balthazar, Gaspard et Melchior, suivant l'étoile, sont venus adorer le nouveau-né qu'on appellera Jésus, en lui apportant de l'or, de l'encens et de la myrrhe.
On «tire les Rois» en leur honneur, mais la coutume de la galette, ronde comme la lune, avec la fève cachée dedans, qui sacre «Roi» ou «Reine» celui ou celle qui mord dessus, est une idée qui vient des Romains. Il y a alors le «Roi du jour» qui a le pouvoir absolu sur le repas suivant.
Au dessert et avant de couper la galette, la ou le plus jeune enfant se glisse sous la table et nomme une par une les personnes présentes auxquelles on distribue simultanément une part de galette. Cette méthode est une précaution contre les tricheurs qui apercevraient la fève dans l'un des morceaux!
Quand celui ou celle qui a la fève dans son morceau de galette la montre, tout le groupe crie:
-«Vive le Roi! » / « Vive la Reine!»
Les enfants sont heureux de pouvoir porter la couronne, donner quelques ordres et d'être appelé «Majesté» pendant cette journée-là!
La galette est accompagnée de jus de pommes pour les enfants et de cidre pour les adultes.

10.3 Les crêpes

Pour 6 pers. Prép: 15 min. Cuisson: à volonté

Zutaten –
Ingrédients:
4 œufs
½ L de lait
180 gr de farine
1 c. à soupe d'huile
1 à 2 c. à soupe de beurre salé fondu
de l'huile pour les faire cuire dans la poêle
du sel

Préparation: Battre les œufs en omelette. Ajouter peu à peu et tamiser la farine, puis le lait et l'huile sans oublier la pincée de sel. Battre le tout.
Laisser reposer une à deux heures au frigo.
Mélanger de nouveau la pâte. Sa consistance ne doit pas être ni trop épaisse, ni trop liquide.
Faire chauffer l'huile dans la poêle et mettre une à deux louches de pâte qui doit recouvrir tout le fonds de la poêle et faire cuire. Quand le bord est légèrement bruni, faire sauter la crêpe pour la retourner.

Zubereitung: Die Eier zu einem Omelett schlagen. Das Mehl durchsieben und mit der Milch und dem Öl und einer Prise Salz den Eiern beimischen.
Das Ganze ein bis zwei Stunden in den Kühlschrank stellen.
Danach den Teig noch einmal durchrühren; er darf nicht zu fest und nicht zu flüssig werden.
Das Öl erwärmen und mit ihm die Crêpe in der Pfanne backen. Sobald diese am Rand leicht gebräunt ist, wenden.

10.4 La brioche

Pour 6 pers. Prép: 30 min. Cuisson: 35 min. Compter aussi 2 h. de repos

Zutaten – *Ingrédients:*	400 g de farine 65 g de sucre 65 g de beurre à la température de la pièce 180 ml. de lait 16 g de levure de boulanger ½ c. à soupe de sel 2 œufs
Préparation:	Délayer la levure dans 4 cuillérées à soupe de lait tiède. Dans un saladier, faire un puits avec la farine tamisée, le sel, le sucre et y mélanger la levure, l'œuf et le lait. Battre la pâte dans un saladier, jusqu'à ce qu'elle décolle des bords. Incorporer le beurre à température ambiante et préalablement coupé en morceaux. Laisser la pâte reposer au moins une heure; elle doit doubler de volume. Rabattre la pâte à brioche, la couper en quatre parts égales. Former des pâtons (pâte mise en boule avant cuisson) et les placer côte à côte dans un moule à cake. Laisser reposer de nouveau une heure. Faire ensuite une incision avec une lame tranchante au centre de chaque pâton et dorer la brioche avec le jaune d'œuf. Enfourner votre brioche à four moyen (200°, préalablement chauffé) pendant 35 min.
Zubereitung:	Die Hefe in 4 Esslöffeln warmer Milch auflösen. In einer Schüssel das durchgesiebte Mehl, das Salz, den Zucker, die Eier und die aufgelöste Hefe vermengen. Diesen Teig in der Schüssel kräftig durchkneten. Die Butter in kleinen Stücken bei mittlerer Temperatur hinzugeben. Den Teig mindestens eine Stunde gehen lassen; das Volumen verdoppelt sich.

Den Teig in vier gleiche Teile zerschneiden, diese nebeneinander in eine Mole (Kuchenform) legen und wiederum eine Stunde gehen lassen.
Mit einem Küchenmesser in der Mitte jedes Teils einen Einschnitt machen. Das Ganze mit Eigelb bestreichen.
Die Brioche in einem vorgeheizten Ofen bei 200° 35 min backen.

Commentaire: *Le mardi gras*
Le mardi gras est le dernier jour de la grande fête appelée Carnaval (où l'on de déguise beaucoup) et qui s'étale sur plusieurs semaines. Pour les Chrétiens, le Carême commence le lendemain du Mardi-Gras soit 40 jours avant les Rameaux.
Pour le Mardi-Gras les enfants se déguisent et font, dans les villages, du porte à porte pour se faire reconnaître, jettent beaucoup de confettis, mangent beaucoup de bonbons mais aussi des crêpes. On leur remet ensuite des sucreries.

10.5 Potage de carottes à l'orange

30 min. Cuisson: 20 min.

Zutaten –
Ingrédients: 1 belle carotte par enfant
1 oignon
de l'eau pour recouvrir le volume des carottes et même un peu plus
sel et poivre

Préparation: Eplucher les carottes, les couper en tranches et les faire revenir dans un faitout où l'oignon finit de revenir. Verser sur le tout un fond d'eau.
Laisser revenir doucement.
Après quelques minutes, verser l'eau jusqu'à noyer les carottes et laisser bouillir le tout environ 10 minutes.
Après avoir laissé un peu refroidir, mixer le tout et recouvrir la soupe d'un couvercle.
Presser une orange pour deux carottes.
Verser le jus des agrumes dans la soupe, tourner et servir aussitôt.

Zubereitung:	Die Mohrrüben schälen, in Scheiben schneiden und in einen Topf zusammen mit der Zwiebel schmoren. Etwas Wasser über das Ganze gießen. Das Ganze auf kleiner Flamme einige Minuten weiterschmoren. Dann so viel Wasser hinzugießen, dass die Mohrrüben bedeckt sind. Etwa 10 Minuten kochen. Die Suppe abkühlen lassen und Orangensaft hinzufügen (den Saft einer Orange pro zwei Mohrrüben). Bald servieren.
Commentaire:	*Pâques* Le premier Dimanche qui suit la pleine lune après l'équinoxe (12 h. de nuit, 12 h. de jours) du 21 Mars. Cette fête est très ancienne. Elle rappelle la fuite du peuple juif qui, esclave du Pharaon d'Egypte, a franchi la Mer Rouge à pied sec grâce à Moïse. Jésus, lui-même juif, fêtait aussi cette fête. Il est mort trois jours avant Pâques. Et, le jour-même de Pâques, miracle, Jésus ressuscite! C'est pourquoi Pâques est fêté par les Chrétiens. Mais c'est aussi le renouveau dans la nature, c'est le printemps! Le jour de Pâques, les cloches se remettent à sonner car, parties le Jeudi-Saint, elles reviennent dit-on de Rome très tôt et laissent tomber au-dessus des jardins les poissons en chocolat ainsi que les œufs en sucre que les enfants vont chercher dehors pour remplir leur panier. Au menu traditionnel, le jour de Pâques, on mange du gigot ou des côtelettes d'agneau. On consomme aussi de la nougatine! Mais les poules se remettent aussi à pondre plus ardemment.

10.6 L'omelette au fromage

Pour une omelette: Prép. 10 min. Cuisson: 10 min.

Pour 4 petites omelettes:	12 œufs 2 c. à soupe de beurre du gruyère râpé sel et poivre
Préparation:	Casser 3 œufs dans un bol, saler et poivrer; battre à la fourchette. Faire chauffer une demi-cuillère à soupe de beurre à feu doux sans la laisser brunir. Mettre les œufs battus dans la poêle et quand la cuisson commence, rabattre les bords vers le centre. Vous devez obtenir une omelette moelleuse. Rajouter alors une demi-mesure de gruyère au centre de l'omelette et laissez-la cuire encore quelques secondes sans y toucher. Rouler l'omelette sur elle-même et la faîre glisser sur une assiette. Avec les autres œufs, procéder de la même manière et conserver les omelettes cuites au chaud à four doux (100°).
Conseil:	Il est possible de les servir décorées de tomates, de concombres, de feuilles de salade fraîches, de persil …
Zubereitung:	3 Eier in in eine Schüssel schlagen, salzen und pfeffern; mit einer Gabel schlagen. Butter in die Pfanne geben, aber nicht bräunen lassen. Die geschlagenen Eier in eine Pfanne gießen und, wenn sie zu braten beginnen, sie vom Rand her erneut schlagen, so dass ein weiches Omelett entsteht. Ein halbes Maß Gruyère-Käse in die Mitte des Omeletts geben und das Ganze einige Minuten braten lassen. Das Omelett rollen und auf einen Teller gleiten lassen.

10.7 La nougatine

Prép: 10 min. Cuisson: 10 min.

Zutaten –	125 g d'amandes effilées
Ingrédients:	250 g de sucre en poudre
	8 c. à soupe d'eau
	4 c. à café de vinaigre

Préparation: Dans une casserole, mettre le sucre, l'eau et le vinaigre; faire cuire le tout à feu vif pour obtenir une mousse. Attendre que cela se transforme en caramel.
Quand le caramel est à point, y jeter les amandes effilées.
Mélanger le tout et le verser sur un plat huilé. Faire une belle plaque lisse et attendre que cela refroidisse.
Il ne reste plus qu'à casser des morceaux et à en distribuer à tout le monde. Attention aux dents fragiles : mieux vaut sucer que croquer!

Zubereitung: Den Zucker, das Wasser und den Essig in einer Casserole kochen. Warten, bis sich das Ganze zu Karamel verwandelt. Dann die Mandeln hinzugeben. Das Ganze vermischen und auf eine geölte Platte gießen. Warten bis die Nougatine sich abgekühlt hat und sie dann in Stücke brechen. Auf empfindliche Zähne achten!

10.8 Le gâteau aux yaourts

Prép: 15min. maxi. Cuisson: 20min.

Zutaten –	1 pot de yaourt individuel
Ingrédients:	1 pot à yaourt, rempli de sucre
	1 pot à yaourt, rempli de chocolat en poudre
	2 pots à yaourt remplis de farine
	½ pot à yaourt rempli d'huile d'olive
	2 œufs
	un sachet de levure

Préparation:	Mélangez tous les ingrédients et versez dans un moule à gâteau. Faîtes cuire à 180° pendant 20 min.
Zubereitung:	Alle Zutaten mischen und in eine Kuchenform gießen. Das Ganze 20 min bei 180° backen.

10.9 La salade tricolore

Pour 6 enfants. Prép: 20 min.

Zutaten – Ingrédients:	2 endives (verte et blanche) 1 salade batavia (verte) 1 cœur de salade trévise (rouge) de la ciboulette
Pour la vinaigrette:	huile d'olive vinaigre moutarde, sel et poivre
Préparation:	Couper les «trognons» des salades. Détacher les feuilles et les laver dans beaucoup d'eau avec une essoreuse à salade. Pour assurer l'effet esthétique des couleurs, mettre en fond d'assiette et en «soleil», en rosace ou en pétales les feuilles d'endives, puis déposer dans leur centre les feuilles de batavia (vertes plus soutenu) déchirées en petits morceaux et ensuite la trévise coupée en fins morceaux. Parsemer le tout de ciboulette coupée au couteau. Dans un bol préparer la vinaigrette: mélanger peu à peu tous les ingrédients et la verser sur la salade!
Zubereitung:	Die Salatblätter vom «Herzen» trennen, sie gründlich waschen und in einer Salatschleuder trocknen. Um ein ansprechendes Bild zu erzeugen, die Endivienblätter auf einem Teller als «Sonne» anordnen, d.h. mit einer Rosette in der Mitte und Blütenblättern darum. Der Pflücksalat wird in kleinen Stücken auf dem Tellerrrand verteilt. Das Ganze mit Schnittlauch bestreuen. Die Salatsauce in einer Schüssel anrichten: Alle Zutaten mischen und über den Salat gießen.

10.10 La ratatouille

Pour 4 personnes. Prép: 45 min. Cuisson: 30 min.

Zutaten – *Ingrédients:*	2 aubergines 3 grosses tomates 1 poivron 2 courgettes 1 oignon 3 c. à soupe d'huile d'olive herbes de Provence sel et poivre
Préparation:	Laver les légumes et les couper en tranches épaisses sans les éplucher. Laver et couper le poivron en lanières. Eplucher et couper l'oignon en tranches. Faire revenir tous les légumes SAUF les tomates dans l'huile d'olive. Quand ils sont cuits au ¾ ajouter les tomates coupées en gros dés, saler et poivrer et cuire à couvert et feu doux environ 30 min. Ajouter les herbes de Provence 5 min. avant la fin de la cuisson. Bien mélanger.
Zubereitung:	Das Gemüse waschen und, ohne es zu schälen, in dicke Scheiben schneiden. Die Paprikaschote in feine Streifen schneiden Die Zwiebel schälen und in Scheiben schneiden. Das Gemüse – außer den Tomaten – in dem Olivenöl andünsten. Wenn es fast gar ist, die in große Würfel geschnittenen Tomaten hinzugeben. Salz und Pfeffer hinzugeben und mit geschlossenem Deckel auf kleiner Flamme ca. 30 Minuten köcheln. Gegen Ende des Kochvorgangs die Kräuter der Provence hinzufügen. Gut mischen.
Conseil:	La ratatouille peut se manger aussi bien froide que chaude et peut être accompagnée d'un œuf sur le plat par personne.

10.11 Le fromage de chèvre chaud

Prép: 10 min. Cuisson: 5 min à peine, en allumant le grill.

Zutaten – *Ingrédients:*	½ crottin de chèvre par enfant 1 crottin de chèvre par adulte Des noix si les enfants les aiment
Préparation:	Vous pouvez faire couper des petits fromages de chèvres secs aux enfants et les laisser les surveiller dans le four: ils doivent fondre, pas plus! Ensuite ces tranches seront déposées sur des feuilles de salades croquantes, servies avec du pain grillé. Vous pouvez les laisser décorer avec des cerneaux de noix s' ils aiment.

10.12 La mousse au chocolat

Pour au moins 12 enfants Prép: 30min. Au frigo: au moins 4h.

Zutaten – *Ingrédients:*	175 g de chocolat (amer ou au lait, selon les goûts) 5 œufs 1 batteur (pour les blancs)
Préparation:	Faire fondre le chocolat avec de l'eau tout doucement. Séparer les blancs des jaunes et battre les blancs en neige. Les réserver au frigo. Faire un bain-marie d'eau froide pour laisser maintenant peu à peu le chocolat «se rafraîchir». Changer l'eau (qui va se réchauffer) régulièrement. Prenez un grand saladier et versez-y le chocolat lorsque celui-ci n'est plus si chaud; versez 1 à 1 les jaunes d'œufs et mélangez-les au chocolat. Après les jaunes, les blancs! Afin d'obtenir un mélange «aéré» évitez de les «casser» en les incorporant au mélange préalable. Mettez le grand saladier au frigo ou versez dans des ramequins individuels. Il est plus convivial de garder le grand saladier que tout le monde pourra finir de lécher ensuite ensemble: Vive les belles moustaches!

10.13 La bûche de Noël

Pour 6 à 8 pers. Prép: 30 min. Cuisson: 10 min.

Pour la bûche: 2 verres de farine
  2 verres de sucre
  4 œufs
  1 paquet de levure

Pour la crème: 100 g de chocolat
  150 g de beurre

Pour la bûche: Mélanger les ingrédients petit à petit entre eux. Ajouter peu à peu le sucre aux œufs sans cesser de tourner puis la farine tamisée et la levure.
  Etaler de façon égale la pâte sur une feuille de papier sulfurisé sur toute la surface de la plaque du four.
  Cuire à four très chaud pendant 10min. environ.

Pour la crème: Faire fondre le chocolat et le beurre au bain-marie et étaler la crème sur le biscuit de la bûche quand celle-ci sort du four.
  Sur le biscuit, une très légère croûte se sera formée; la retirer délicatement et étaler la crème sur l'autre côté du biscuit.
  Rouler ensuite le biscuit crémé en évitant de le «craquer». Cette opération peut parfois s'avérer délicate!
  Décorer la bûche avec ce qui fait plaisir aux enfants!

10.14 Gutes Essen – Nutrition santé

Es gehört zu den Aufgaben der vorschulischen Erziehung, die Kinder mit gesunder Ernährung vertraut zu machen. Auch hier kann die bilinguale Erziehung einen Beitrag leisten.

Ein Beispiel:
Nachdem über gesunde Ernährung gesprochen worden ist, stellen die Kinder ein eigenes Frühstück (oder Mittag-/Abendessen) zusammen. Sie malen auf ein »Tablett« aus Pappe oder Ähnlichem die Dinge auf, die zu einem guten Mahl gehören

und die sie gern zu sich nehmen würden. Anschließend stellen sie ihr Produkt vor und benennen die ausgewählten Speisen.

Mögliche Kinderäußerungen:

> Pour le petit déjeuner je voudrais des céréales et des toasts.
> Pour le déjeuner je voudrais un sandwich au thon et salade.
> Pour le dîner je voudrais du poisson et des pommes de terre.

Alternative:
Die Kinder schneiden Bilder von Nahrungsmitteln aus Zeitschriften aus und kleben sie auf ihr »Tablett«

Les 13 desserts provençaux …
… qui se retrouvent aussi en Occitanie tout comme en Catalogne :

1. «la pompa a l'oli» (la pompe à l'huile) = brioche sucrée plate à l'huile … d'olive s'entend! Cette «pompa» peut aussi être appelée «la fougasse d'Aigues Morte» à la fleur d'oranger.
2. Les mendiants (noix, noisettes, figues, amandes, raisins secs)
3. Les pommes
4. Les poires
5. Le verdaù (melon vert conservé dans le grain)
6. Le nougat
7. Les sorbets
8. Les raisins frais
9. Les mandarines
10. Les confiseries (chocolat, fruits confits, calissons)
11. La pâte de coing
12. Les bugnes (ou merveilles, ou oreillettes à la fleur d'oranger)
13. Les dattes

Propositions de quelques expressions rigolotes relatives à la nourriture à expliquer aux enfants et à leur apprendre

Avoir du pain sur la planche	Avoir beaucoup de choses à faire
Avoir la pêche	Avoir plein d'énergie
Avoir les yeux plus gros que le ventre	Se servir plus se nourriture que l'on peut en manger

Avoir une dent contre quelqu'un	En vouloir à quelqu'un
En faire tout un fromage	Faire toute une histoire de pas grand chose
Long comme un jour sans pain	Une journée où l'on a faim paraît toujours très longue lorsqu'on a rien à manger
Manger comme un ogre	Manger avec beaucoup d'appétit
Raconter des salades	Raconter des mensonges
Ramener sa fraise	Donner son avis sans y être invité
Se faire rouler dans la farine	Se faire avoir, se laisser tromper
Se fendre la poire	Rire aux éclats
Se mêler des ses oignons	S'occuper de ses affaires
Tomber dans les pommes	S'évanouir

11 Redensarten | Dictons

Redensarten oder Sprichwörter in diese Sammlung aufzunehmen, erscheint angesichts ihrer komplexen und zugleich komprimierten Struktur als ein Wagnis. Sie enthalten tradierte Lebensweisheiten, deren Sinn Kindern oft noch nicht verständlich ist. Allerdings gibt es Ausnahmen, die durch ihre Anschaulichkeit durchaus auch wenig erfahrenen Menschen, also vielen Kindern im Vorschulalter, einleuchten. Solche Redensarten haben wir hier ausgewählt.

11.1 l'union fait la force.

11.2 Avoir les yeux plus gros que le ventre.

11.3 C'est faire beaucoup de bruit pour rien!

11.4 Comme un poisson dans l'eau.

11.5 Comme un éléphant dans un magasin de porcelaine.

11.6 Dire une ânerie.

11.7 Donner sa langue au chat.

11.8 Donner un coup de main à quelqu'un.

11.9 Dormir comme un loir.

11.10 Entendre une mouche voler.

11.11 Lentement, mais sûrement.

11.12 Occupe-toi de tes oignons!

11.13 Raconter des salades.

Literaturverzeichnis

Apeltauer, Ernst (1997): *Grundlagen des Erst- und Zweitsprachenenerwerbs.Berlin*, München & Wien: Langenscheidt.
Baker, Colin (1993): *Foundations of Bilingual Education and Bilingualism.* Clevedon: Multilingual Matters.
Ben Jelloun, Tahar (1999): *Le racisme expliqué à ma fille.* Paris: Édition du Seuil.
Best, Otto F. (1986): *Handbuch literarischer Fachbegriffe.* Frankfurt am Main: Fischer Taschenbuchverlag.
Curtain, Helena & Pesola, Carol Ann (1994): *Languages and Children. Making the Match.* New York: Longman.
Dalgalian, Gilbert (2000): *Enfances plurilingues.* Paris: L'Harmattan.
Dalgalian, Gilbert (2005): Was uns die Psycholinguistik und die Neurowissenschaften zu sagen haben. In: Doyé, Peter: *Kernfragen des Fremdsprachenunterrichts in der Grundschule.* Braunschweig: Westermann. 128-139.
Doyé, Peter (2009): *Didaktik der bilingualen Vorschulerziehung.* Tübingen: Gunter Narr Verlag.
Doyé, Peter (2008): *Interkulturelles und mehrsprachiges Lehren und Lernen.* Tübingen: Gunter Narr Verlag.
Friederici, Angela D. (2011): Den Bär schubst der Tiger. Wie Sprache im Gehirn entsteht. In: Bonhoeffer, Tobias & Gruß, Peter (Hg.) (2011): *Zukunft Gehirn.* München: C.H. Beck.
Fthenakis, Wassilios et al. (1985). *Bilingual-bikulturelle Entwicklung des Kindes.* München: Hueber.
Fried, Lilian & Roux, Susanna (2006). *Pädagogik der frühen Kindheit.* Weinheim & Basel: Beltz.
Hellwig, Karlheinz (2000): *Anfänge englischen Literaturunterrichts.* Frankfurt am Main & Berlin: Peter Lang.
Reinfried, Marcus (2003): Visuelle Medien. In: Bausch, Karl-Richard; Christ, Herbert & Krumm, Hans-Jürgen (Hrsg.): *Handbuch Fremdsprachenunterricht.* Tübingen & Basel: A. Francke Verlag. 416-420.
Schlösser, Elke (2001): *Wir verstehen uns gut. Spielerisch Deutsch lernen. Methoden und Bausteine zur Sprachförderung für deutsche und zugewanderte Kinder als Integrationsbeitrag in Kindergarten und Grundschule.* Münster: Ökotopia Verlag
Senatsverwaltung für Bildung, Wissenschaft und Forschung Berlin (Hrsg.) (2004): *Das Berliner Bildungsprogramm für die Bildung, Erziehung und Betreuung von Kindern in Tageseinrichtungen bis zu ihrem Schuleintritt.* Berlin: Verlag das Netz.

Stern, H.H. (1963): *Foreign Languages in Primary Education*. Hamburg: Unesco Institute for Education.

Quellen:

Abbis-Chassé, Claire, Colonna d'Istria & Eggert, Angelica (2002): *Les plus belles comptines allemandes*- Paris: Didier Jeunesse.
Bray-Clausard (1976): *Comptines. Apprendre à prononcer*. Paris: O.C.D.L.
Doyé, Peter & King, Bettina (2010): *Kindergarten goes bilingual*. Hildesheim, Zürich & New York: Georg Olms Verlag.
Doyé, Peter & Hausmann, Cecilia (2011): *Educación bilingüe*. Hildesheim, Zürich & New York: Georg Olms Verlag.
Dunn, Opal & Malin, Marilyn (1992): *Où est Bouboul?* Bath: Cherrytree Books.
Garabédian, Michèle, Lerasle, Magdelaine & Pétreault, Francoise (2001): *Les plus belles chansons*. Paris: Didier Jeunesse.
Garabédian, Michèle; Lerasle, Magdeleine & Pétreault, Francoise (2001): *Les plus belles comptines*. Paris: Didier Jeunesse.
Pommes d'Api (éd.) (1998): *Une baby-sitter chez les Choupignon*. Bayard Presse – Jeune.

Register

	1 Gedichte	2 Reime	3 Lieder	4 Geschichten	5 Realien	6 Spiele	7 Übungen	8 Rätsel	9 Rezepte
Identität	3, 5						10	2, 5	
Persönliche Beziehungen/ Kommunikation			5, 6	6, 9, 12		1, 2, 12			
Ernährung		3, 17			1			3, 8	1-14
Kleidung			14		6, 8, 9	7			
Zählen und Messen		21			3, 4, 5, 7		2, 3		
Formen und Farben							5, 6		
Zeit		4, 7	11		10				
Natur		16		3, 4, 8, 10, 14		4			
Tiere	1, 6, 7, 9, 10	5, 6, 8, 11-15, 18		5, 7, 8, 10, 11		5, 8, 9, 11	4		